A política dos juristas
Direito, liberalismo e socialismo em Weimar

A política dos juristas
Direito, liberalismo e socialismo em **Weimar**

Carlos Miguel Herrera
Tradução de Luciana Caplan

Copyright © 2012 Carlos Miguel Herrera

Grafia atualizada segundo o Acordo Ortográfico da Língua Portuguesa de 1990, que entrou em vigor no Brasil em 2009.

Publishers: Joana Monteleone/Haroldo Ceravolo Sereza/Roberto Cosso
Edição: Joana Monteleone
Editor assistente: Vitor Rodrigo Donofrio Arruda
Projeto gráfico, capa e diagramação: Patrícia Jatobá U. de Oliveira
Revisão: João Paulo Putini

CIP-BRASIL.. CATALOGAÇÃO-NA-FONTE
SINDICATO NACIONAL DOS EDITORES DE LIVROS, RJ

H482p

Herrera, Carlos-Miguel
A POLÍTICA DOS JURISTAS: DIREITO, LIBERALISMO E SOCIALISMO EM WEIMAR
Carlos Miguel Herrera; tradução de Luciana Caplan.
São Paulo: Alameda, 2012.
190p.

Tradução de: *Les juristes face au politique*
Inclui bibliografia
ISBN 978-85-7939-126-2

1. Histórias jurídicas – França. 2. Direito – Aspectos políticos. 3. Direita e esquerda (Ciência política). 4. França – Política e governo – 1870-1940. I. Título.

12-1809.   CDD: 320.944
                           CDU: 32(44)

034186

ALAMEDA CASA EDITORIAL
Rua Conselheiro Ramalho, 694 – Bela Vista
CEP 01325-000 – São Paulo, SP
Tel. (11) 3012-2400
www.alamedaeditorial.com.br

Sumário

Introdução   7

Capítulo I   19
A Herança Weberiana

Weber e a Política Alemã (1917-1920)   25
Democracia e Dominação Carismática   30
A Construção da Problemática Max Weber   36
Uma Teoria Desencantada do Liberalismo?   44

Capítulo II   67
Kelsen e o Liberalismo

Pureza Teórica e Simpatias Políticas   74
Analisando o Liberalismo   79
Limitação do Estado   91
Parlamentarismo   97
Harmonia de Interesses   101
Propriedade privada   104

Capítulo III   119
Carl Schmitt e o Marxismo

Origem dos textos   183

Introdução

Para além de suas profundas diferenças, tanto no que diz respeito aos seus objetos e metodologias respectivas, como às vicissitudes políticas e pessoais de seus autores, as obras de Max Weber, Hans Kelsen e Carl Schmitt podem ser inscritas em uma mesma linha genealógica do pensamento jurídico-político europeu, que se desenvolve em torno da crise do Estado oitocentista, que se torna definitiva com a Primeira Guerra Mundial e as profundas transformações sociais e políticas que se seguem.

Não por acaso, as três teorias geram seus efeitos na República de Weimar, sem dúvida o principal "laboratório constitucional" — para utilizar a expressão de Joseph Barthélemy — dessa Europa do entreguerras, em busca de novas formas de representação que pudessem dar conta das reivindicações políticas e sociais do proletariado. "Weimar" atua, então, como uma espécie de vetor de formas e conceitos jurídicos novos. Não é casual que a efêmera república alemã tinha retido o interesse dos estudiosos de modo contemporâneo ao seu surgimento, desde um ângulo que vai mais além das disputas interestatais, como comprovam, nos anos 1920-1930, dois autores como Boris Mirkine-Guetzévich e Georges Gurvitch — que sejam justamente dois universitários russos, diga-se de passagem, não tem nada de surpreendente. A República de Weimar aparece no discurso dos juristas da primeira metade do século XX em um lugar equivalente ao da Revolução Francesa para os juristas do século XIX, por sua vez condensação de temores e idealização de novos conceitos.

Por isso mesmo, a convergência entre Weber, Kelsen e Schmitt vai mais além do "arrière-fond", inclusive suas propostas pontuais perante a crise, que em outros tempos haviam sido apresentadas como variantes plurais – desde a forma paradoxalmente mais aberta do positivismo de Kelsen à politicamente mais conservadora, em que pese as suas inovações, de Schmitt – de um mesmo pensamento "burguês".

Neste sentido, os três trabalhos que se reúnem no presente volume ilustram o que chamamos em outro lugar "teorias jurídicas do político" em dois dos seus principais exponentes, Hans Kelsen e Carl Schmitt. De fato, a apropriação conceitual do interstício do direito e do político se apresenta na história do pensamento jurídico como um caminho teórico, interno, sistemático.

Estamos diante de concepções que buscam dar conta de objetos políticos em sentido próprio (democracia, socialismo, liberalismo), propondo-as em um campo conceitual jurídico. O que implica em assumir, e, inclusive, reivindicar, a autonomia epistemológica da "ciência do direito". Se essas teorizações são devedoras, em um ou outro momento, de

A política dos juristas

noções e, às vezes, também de uma forma de reflexividade própria da filosofia política, entendida na amplitude especulativa desta disciplina, as teorias de Kelsen e Schmitt se desdobram em função e sobre instituições jurídicas. Neste sentido, a releitura de um pensamento como o weberiano, que se situa na fronteira do jurídico e do social, deixa a descoberto não apenas a complexidade da operação, mas inclusive os seus impasses.

Na realidade, estas concepções se revelam como teorias jurídicas do político em vários sentidos, mas há um, sobretudo, pleno: elas abordam a política pela via exclusiva, ou ao menos privilegiada, do institucional e, mais particularmente, do Estado. O jurídico é, no fundo, mais que um ponto de partida, é também um horizonte. Mas, ainda que se trate de juristas (inclusive Weber, do ponto de vista de sua formação universitária), seu objeto ultrapassa o direito (inclusive em Kelsen e Schmitt, que faziam da investigação jurídica o centro de sua atividade acadêmica).

Suas teorias, ou ao menos uma parte significativa de suas reflexões, se situam em um espaço específico que identificaremos, na falta de uma expressão menos barroca, como o interstício do direito e do político. É neste lugar de encontro no qual o jurídico e o político encontram uma espacialidade conceitual comum, uma interface que não tem existência autônoma fora destes dois campos que lhe dão existência. Um

Carlos Miguel Herrera

espaço que relaciona, ao mesmo tempo em que separa, mas que nunca está vazio.

Este intervalo apresenta uma dimensão teórica própria, que constitui, ao nosso ver, todo o seu interesse: a tensa articulação entre as concepções políticas em sentido próprio (conservadorismo, liberalismo, socialismo) e os conceitos jurídicos, uma conexão que se ilustra sobretudo em noções--limite como "constituição", "Estado de direito", "direitos fundamentais", "propriedade" etc. Conceitos (jurídicos) para os quais E. W. Böckenförde forjou a expressão iluminada de *Schleusenbegriffe*, conceitos eclusa, "através dos quais tomam uma significação jurídica algumas ideias relativas à ordem político-jurídica ou ético-jurídica, e que não são ideias estáticas, mas ideias em movimento". Por certo, Böckenförde avança este conceito para fundar (schmittianamente se poderia dizer) a particularidade do direito público (e da ciência do direito público); se trataria, pois, "em sentido específico, [de] um direito provido politicamente (*politikbezogenes Recht*)", porque "seus princípios e seus conceitos portadores (*tragenden*) como democracia, Estado de direito, Estado social, responsabilidade parlamentar, sistema representativo, ordem constitucional, estão necessariamente, em seus conteúdos, impressos no centro do ideológico-político".[1]

---

1 BÖCKENFÖRDE, E. W. *Staat, Verfassung, Demokratie*, Frankfurt, 1991, p. 26; p. 5-16

A política dos juristas

Ainda que talvez não deva limitar-se ao direito público, esta tematização nos permite explorar de maneira mais geral o tipo de articulação entre teoria jurídica e política que estamos pensando.

É justamente neste nível conceitual que a imbricação direito/política pode ser iluminada, ali onde a relação se encontra teorizada, sistematizada. As doutrinas de direito público oferecem uma legibilidade exemplar, poderíamos dizer primária, do interstício do direito e do político, porque, como escrevia Émile Durkheim "todo direito é público, porque todo direito é social". Mas isto não quer dizer, obviamente, que o direito privado estaria excepcionado deste tipo de relação: apenas que suas mediações são específicas, mas não menos legíveis. Depois de tudo, se tal distinção tivesse um sentido absoluto, ela significaria, para voltar a Kelsen, que todo direito, também o "privado", é público.

Uma reconstrução em termos de teorias jurídicas do político deve evitar os perigos de hiperpolitização, e a consequente perda de especificidade da reconstrução conceitual. O interstício de que tratamos aqui não se reduz ao simples compromisso partidário do jurista, e ainda quando este existisse, este não deve ser absolutizado ao ponto de degradar a especificidade teórica desta articulação. Há um interstício, não uma superposição de planos. Certamente, Carl Schmitt avançou na tese de que toda teorização (jurídica) é polêmica, ou seja, política. Mas, ainda quando afirmemos, em última instância, a existência de uma primazia do político sobre o teórico (onde, diversamente, é o jurídico que tem primazia), não devem ser simplificadas as formas de militância. Em todo caso, esta tese de uma sobrepolitização traz consigo o risco de desembocar, como é o caso de certos politólogos, em uma espécie de sociologismo por meio do qual o compromisso (não somente partidário) prepondera sobre a conceitualização (jurídica). Ainda reduzindo a teorização dos juristas a uma conduta social, não se respondeu à questão de como o fazem e, sobretudo, o que é que dizem.

O pressuposto de nossa pesquisa é que não há forçosamente transparência, ao contrário do que postulam algumas visões essencialistas, uma continuidade ontológica entre programas políticos e determinadas conceitualizações jurídicas. No fundo, os dois níveis nem sempre coincidem, mesmo naqueles juristas "comprometidos" desde um ponto de vista partidário. Mais ainda, o aspecto conceitual pode ultrapassar o aspecto militante e sobredeterminá-lo, como demonstramos no estudo de outras correntes que identificamos com o conceito empírico de "juristas de esquerda". Ademais, a sobrepolitização impediria a análise do movimento de transferência, de circulação e de transformação dos conceitos, que se produz entre juristas com visões políticas opostas, um fenômeno particularmente significativo no campo do direito, onde reconhecemos uma estabilização do

A política dos juristas

referencial mais importante, pela própria estrutura da produção do saber jurídico.

O interesse não se esgota, então, em assinalar os compromissos partidários de tal ou qual jurista, mas buscar determinar como a política se fixa sobre as conceitualizações jurídicas. E ainda, as sistematizações conceituais obedecem antes de mais nada ao interesse pelas transformações estruturais do direito positivo, que servem de base ao trabalho propriamente teórico; não basta dirigir a visão ao funcionamento das instituições. Porque estas são, por definição, "políticas", ou seja, o produto direto de uma vontade, de uma intencionalidade, de um programa político que não se dissimula – ainda que se esqueça depois. Se o significado que damos a essas mesmas instituições – "os conteúdos expressos pela linguagem" da doutrina – constitui o centro de nossa problemática, é porque, justamente, entre o direito e sua teorização não há jamais imediatismo, há um espaço, uma abertura ainda que não seja mais ao nível da linguagem. Contrariamente ao que sustentam algumas leituras, não se trata de um único texto, e muito menos de uma única operação interpretativa.

Em todo caso, é neste ponto de encontro específico entre corrente política e conceito jurídico que se inscrevem as doutrinas jurídicas no sentido mais sistemático do termo (como o positivismo, o solidarismo, o decisionismo etc.). E é o jurídico quem investe o político com seus próprios conceitos, o que explica também uma tomada de distância com as análises puramente históricas ou puramente sociológicas.

E de juristas teóricos, trabalhando com os conceitos, precisão necessária para escapar das aproximações que fazem desaparecer, no interior do mesmo campo, as diferenças entre o direito (os intérpretes autênticos, como diria Kelsen) e os discursos sobre o direito, todos reunidos (reduzidos) em uma mesma função de legitimação social, de "guardiães da ordem". Este trabalho crítico sobre as teorias jurídicas do político nos leva a supor também que há algo nos conceitos que é irredutível ao seu uso social – o que não quer dizer que o social não os modele, porque não há verdadeiro uso não-social do direito.

*

Ainda que os textos que compõem este livro tenham sido escritos em francês, a ideia de reuní-los em um volume é puramente brasileira, e a devo a Samuel Rodrigues Barbosa, que me propôs após uma série de conferências realizadas na Universidade Federal Fluminense, em maio de 2006. No entanto, o projeto nunca teria se materializado no volume que o leitor tem agora em suas mãos sem a vontade e a generosidade de Gilberto Bercovici, que se ocupou dos textos do princípio ao fim para transformá-los em livro. Devo também à sua intervenção a tradução de Luciana Caplan. O prazer de ver publicado este livro no Brasil, por maior que seja, não é tanto, sem dúvida, como poder contar com a amizade dos três. E

A política dos juristas

porque, como se pode ver, no fundo, se trata de amizade, não quero nem posso terminar estas linhas sem aludir a quem é para mim, há quase 20 anos, sinônimo de Brasil, e de amizade, Eros Roberto Grau. Ainda que, para dizer a verdade, o termo "amizade" há muito se tornou pouco para nomear os laços fraternos que me unem a ele.

Capítulo I
A Herança Weberiana

O ponto de partida deste capítulo implica em um regresso ao velho debate "Max Weber e a política alemã". O grande livro de Wolfgang J. Mommsen, surgido sob este título em 1959, teve o mérito incontestável de questionar a imagem de um Weber precursor, de alguma maneira, da democracia liberal na República Federal da Alemanha após 1945.[1] Mas o que faria, então, desencadear a polêmica seria o nome daquele que seria o revelador de alguns componentes do pensamento weberiano: Carl Schmitt e sua concepção do papel do Presidente do *Reich* na primeira república alemã. Com efeito, a visão schmittiana era considerada por Mommsen como uma prolongação – unilateral por certo, enquanto o autor da *Verfassungslehre* opunha o Presidente carismático ao sistema parlamentar representativo –, mas correta sobre a essência das perspectivas weberianas. Uma

---

1 Ver, por exemplo, o prefácio à segunda edição (1958) da *Gesammelte Politische Schriften*, de J. Winckelmann, que pouco tempo antes havia iniciado a confrontação de WEBER e SCHMITT, dando um acréscimo jusnaturalista à ideia de legitimidade legal, ao mesmo tempo em que propunha a publicação do texto sobre "Die drei reinen Typen der legitimen Herrschaft". Cf. WINCKELMANN, J. *Legitimität und Legalität*. In: *Max Webers Herrschaftssoziologie*, Tubingen, 1952. Podemos citar, na mesma categoria, BENDIX, R. *Max Weber, An Intellectual Portrait*. Nova York, 1960.

visão que se pode encontrar condensada na frase que Weber
havia dirigido ao General Ludendorff logo após uma entrevista em maio de 1919, obtendo o assentimento entusiasta
do militar (e futuro golpista): "Em uma democracia, o povo
elege um chefe no qual deposita sua confiança. O eleito lhes
diz, então: 'agora, fechem a boca e obedeçam'. O povo e os
partidos não podem imiscuir-se nos assuntos do chefe (…).
Logo, o povo julgará". Era a ideia que Weber havia apresentado, menos brutalmente, por certo, nas colunas da *Berliner
Börsezeitung* alguns meses antes: "O 'ditador' [é] um homem de confiança das massas, eleito por suas qualidades,
e a quem elas se subordinam por todo o tempo em que ele
possua a sua confiança".[2]

Se a filiação – natural ou legítima – que Mommsen estabelecia então entre Weber e Schmitt banhava a teoria política
weberiana de uma luz mais intensa, não era menos certo também que deixava na sombra de seu enfoque outras apropriações de seu pensamento político que haviam tido lugar durante a República de Weimar, e induziu os complexos modos da
apropriação do próprio Schmitt. Com efeito, ainda admitin-
do que a concepção de Schmitt inscreve-se numa linhagem

---

2   WEBER, M. "Der Reichspräsident", (1919), agora WEBER, M. *Gesammelte
    Politische Schriften*, Tubingen, 1988, p. 499. Neste texto, publicado em
    25 de fevereiro, WEBER insiste a propósito da importância da direção
    pela socialização, a fim de fazer os social-democratas aceitarem, segun-
    do MOMMSEN, a eleição direta do presidente, que até esse momento era
    tarefa da Assembleia de Weimar.

A política dos juristas

weberiana, não ficava saldada a questão da herança de Max
Weber em Weimar. Entre a idealização liberal pós-hitleriana
e as projeções schmittianas do poder presidencial, o pensamento político de Weber foi objeto de outras apropriações.

Uma tentativa de mostrar algumas destas recepções constitui o cerne deste capítulo. A tese que quis avançar aqui é a
de que a recepção das ideias políticas weberianas em Weimar
foi objeto de uma aberta batalha político-intelectual, se não
central, ao menos específica no terreno da teoria do Estado,
e que esta ultrapassa o problema do Presidente do *Reich* ou
a problemática da legitimação carismática. Esta luta é tanto
mais marcada se a inscrevemos em uma particularidade de
elaboração da obra política weberiana: Weber, como o próprio Mommsen mostrou, não estava nunca isento totalmente de objetivos práticos, interessados, quando produzia seus
escritos políticos; pelo contrário, era às vezes tendencioso e
de uma parcialidade consciente, particularmente no período
chave que vai desde o fim da Grande Guerra ao estabeleci-
mento da República.[3] E a esta dificuldade acrescentar-se-á
o fato de que boa parte da *Staatssoziologie* que se encontra
em *Economia e Sociedade* foi tomada, para completar o ma-
nuscrito inacabado, destes mesmos escritos políticos de "cir-
cunstância", que, assim acondicionados, encontram-se agora

---

3   Cf. MOMMSEN, W. J. "Zum Begriff der 'plebizitären Fuhrerdemokratie'
    bie Max Weber" (1963), agora em *Max Weber: Gesellschaft, Politik und
    Geschichte*. Frankfurt, 1974, especialmente p. 55 e ss.

no próprio coração da obra teórica weberiana. É sobre esta ambivalência que, de algum modo, poderá se desenvolver a luta por sua herança.[4]

A minha análise não pretende ser exaustiva: não me deterei mais do que sobre certas linhas da recepção do pensamento político weberiano na doutrina do direito público, sem excluir, de todo, outras possibilidades. Entretanto, o ponto sobre o qual me deterei me parece central, não só pela qualidade dos protagonistas que se confrontam, mas também pelos resultados políticos que encerra.

I

Na realidade, as últimas reflexões teóricas de Weber (a primeira parte de *Economia e Sociedade*) e seus principais escritos políticos correspondem ao mesmo arco temporal: 1917-1920. Isto significa que eles não estão ligados somente por um estreito parentesco conceitual, mas também por uma mesma situação histórica. O que importa, por sua vez, é que essa relação com o político é central, desde sua origem, e ainda no interior da própria obra.

---

4 Para uma análise interna desta ambivalência, vide MOMMSEN, W. J. "The Antinomical Structure of Weber's Thought" (1981) agora em MOMMSEN, W. J. *The Political and Social Theory of Max Weber*, Chicago, 1989; SIMARD, A. "Politique de la Sachlichkeit", *Aspects Sociologiques*, 2003.

A política dos juristas

Weber e a Política Alemã (1917-1920)

Por que, encarregados de tratar do tema, nos limitaremos aos últimos anos da vida de Weber? Poderiam ser ditas muitas coisas sobre sua evolução política, especialmente a partir de 1905, mas tomamos este ponto de partida por uma razão simples: a partir de 1917, Weber começa a publicar seus artigos constitucionais na *Frankfurter Zeitung*, que terá uma influência determinante, não só no plano político.[5] Estes textos, como foi assinalado, estão animados, não por uma pura pretensão teórica, mas pela vontade de encontrar uma alternativa prática diante da realidade que se desenvolve sob seus olhos. Assim, quando Weber defende a necessidade de um Parlamento forte em uma monarquia como o único contrapeso possível contra a atuação da burocracia na política, trata-se de uma solução concreta, para um problema preciso, em um lugar determinado: a Alemanha, nos últimos anos do reinado de Guilherme II. O mesmo ocorre com sua defesa do sufrágio universal e direto: a supressão do regime eleitoral de três classes na Prússia permitiria um reforço da frente interna com o fim de conseguir uma condução mais efetiva da guerra.

É por isso que estas primeiras reflexões vão acompanhadas de alguns projetos muito precisos de revisão da Constituição de 1871, que Weber envia a um dos membros da Comissão

---

5   Nas páginas seguintes, levo em conta as análises de WEBER, Marianne. *Max Weber: Ein Lebensbild*, Tubingen, 1926 e MOMMSEN, W. *Max Weber et la Politique Allemande 1890-1920* (1959). Paris, 1985.

de Assuntos Constitucionais do *Reichstag*. Essas modifica-
ções buscavam, em particular, que o Chanceler federal pudesse ser um membro do Parlamento, a criação de um direito
de investigação parlamentar, e, sempre na mesma ordem de
ideias, a constituição de um Conselho da Coroa. Em uma
carta dessa época, vemos surgir a visão complexa que anima
os projetos de Weber, onde são amalgamadas considerações
teóricas e práticas:

> Os funcionários (*Beamten*) seriam responsáveis perante
> o Parlamento. Eles são técnicos. E seu poder será tão
> forte no Estado parlamentar como foi antes, mas aqui
> é onde encontra seu lugar (...) para mim, as formas de
> governo são algo técnico, como qualquer outro maqui-
> nário. Eu atacaria o Parlamento e apoiaria o Imperador
> se este fosse um político ou desse sinais de querer sê-lo
> no futuro.[6]

O problema político central para ele, como confirma o
testemunho de sua esposa, estava marcado pela experiência
bismarckiana e sua herança: a seleção de dirigentes, independentemente da forma política. Neste sentido, em seus
artigos de imprensa de novembro de 1918, assinala que a
monarquia parlamentar é a forma técnica mais adaptável e,
por consequência, a mais forte.

---

6   Citado por MOMMSEN, *Max Weber et la Politique Allemande, op. cit.*, p.
     595-596.

A política dos juristas

Paralelamente a esta reflexão, Weber começa uma discreta ação pública, como "companheiro de rota" dos liberais de esquerda, reunidos no Partido Popular Progressista, que havia se convertido no aglutinamento mais importante do liberalismo de esquerda desde a morte de E. Richter, e onde haviam ido parar também as bases do pastor Friedrich Naumann, seu amigo pessoal. Algumas semanas depois da Revolução de novembro, as hostes do Partido vão convergir com a pequena ala esquerda dos Nacionais liberais na fundação do *Deutsche Demokratische Partei*.[7] Em que pese haver participado nas discussões tendentes a constituí-lo, Weber não assina, ao final, as atas de fundação do novo partido, datadas de 20 de novembro de 1918, já que seus antigos ideais monárquicos e suas recentes tomadas de posição públicas a favor de uma manutenção do sistema o impedem de se apresentar como um "republicano" ao cabo de algumas semanas, sempre segundo o testemunho de sua esposa que, junto com seu irmão Alfred Weber, contava-se entre os mais entusiastas aderentes do DDP. Mas, já no final deste mês, Max se compromete na atividade de propaganda partidária para as eleições gerais de janeiro. Weber mostra-se também muito favorável à proposição que lhe fizeram de ser candidato em Frankfurt, mas seu nome será retirado dos primeiros

---

7   Cf. ELM, L. *Zwischen Fortschritt und Reaktion. Geschichte der Parteien der liberalen Bourgeoisie in Deutschland 1893-1918*. Berlín, 1968, especialmente p. 210-260; ALBERTIN, L. *Liberalismus und Demokratie am Angang der Weimarer Republik*. Dusseldorf, 1972.

lugares da lista, o que o impede de ser eleito. Terminará por separar-se do partido em abril de 1920, em desacordo com a política de colaboração dos liberais com os social-democratas sobre a questão da socialização.

Outro membro do DDP, que, à época, era considerado o especialista de direito público mais à esquerda das universidades alemãs, Hugo Preuss, havia sido encarregado pelos socialistas no poder de elaborar um projeto de constituição, enquanto Secretário de Estado de Interior, um cargo para o qual o nome de Weber havia sido examinado em certo momento, sempre pelos social-democratas majoritários. Preuss convidará Weber, em dezembro de 1918, para uma reunião confidencial de elaboração desse projeto e suas ideias têm um certo eco. Ao menos, isso deixará escrito Weber em uma carta da época: "a Constituição do *Reich* está pronta e é bastante parecida com minhas propostas". Inclusive algumas delas que foram descartadas por Preuss em algum momento, como o federalismo centralizado que Weber pensava como a única alternativa realista (enquanto que ele, Preuss, apostava no desmembramento da Prússia), serão finalmente adotadas pela Assembleia Nacional, reunida em Weimar, para aprovar a nova constituição.

Weber havia "obtido" sobretudo a eleição popular do chefe de Estado, uma ideia à qual, na realidade, numerosos teóricos da época eram sensíveis, começando por Hugo Preuss ou seu irmão Alfred, e era um dos eixos do programa do Partido

A política dos juristas

Democrata.[8] Mas em comparação com o sistema finalmente adotado pela Constituição de 1919, ou a respeito do modelo presidencialista americano, sua posição era mais radical: queria um verdadeiro chefe hegemônico. De fato, Max Weber era hostil ao parlamentarismo "puro", representado nessa época pela Terceira República francesa, e havia sustentado publicamente, em dezembro de 1919, que "o parlamentarismo e, de fato, as desavenças partidárias são evitáveis se o executivo unitário está nas mãos de um Presidente eleito por todo o povo".[9] A partir desta ótica, "um Presidente que se apoia sobre a legitimidade revolucionária da eleição popular" seria o melhor contrapeso ao Parlamento.[10] Esta justaposição entre um Presidente plebiscitário e um Parlamento ativo constitui o que ele chama, em *Economia e Sociedade*, de "um governo representativo-plebiscitário". Para ele, efetivamente, o meio cesarista específico era o plebiscito.[11]

---

8 Para as principais linhas ideológicas do liberalismo de esquerda sob Weimar, vide OPITZ, R. *Der deuschte Sozialliberalismus 1917-1933*, Colonia, 1973.

9 Citado por MOMMSEN, *Max Weber et la Politique Allemande, op. cit.*, especialmente p. 430.

10 WEBER, M. "Deutschland kunftige Staatsform" (1919), agora em *Gesammelte Politische Schriften, op. cit.*, p. 469.

11 WEBER, M. "Parlament und Regierung in neugeordneten Deutschland" (1918), agora em *Gesammelte Politische Schriften, op. cit.*, p. 394.

Carlos Miguel Herrera

Democracia e Dominação Carismática

Esta visão do parlamentarismo (e do presidente) encontra suas razões na sociologia do Estado na qual Weber está trabalhando neste mesmo momento, assim como sua reflexão sobre os tipos puros de dominação legítima. Como sabemos, é necessário, para Weber, distinguir as formas de dominação pela reivindicação de legitimação que lhes é própria. Isto deriva da relação existente entre a forma de dominação e o motivo da obediência; "a natureza desses motivos determina em grande medida o tipo de dominação". Finalmente, "a crença na legitimidade da dominação" torna-se o fator decisivo para determinar seu tipo, posto que todas as dominações buscam despertar e conservar a crença em sua "legitimidade". Assim, "de maneira geral, é necessário recordar que o fundamento de toda dominação (…) é uma crença, crença no 'prestígio' do ou dos governantes". Esta pretensão de legitimidade descansa, em última instância, sobre uma forma de autoridade específica, a saber, a tradição, na dominação que chama "tradicional", o carisma, na dominação que denomina como "carismática", ou na legalidade formal, na dominação racional.[12]

A distinção entre diversos tipos de legitimidade se refere fundamentalmente à estrutura da dominação. Com efeito, "o modo de relação de legitimidade entre aquele que detém o poder e a direção administrativa é muito diferente segundo

---

12 WEBER, M. *Economie et Société* (1922), T. 1, Paris, 1995, p. 286 e 345.

A política dos juristas

o tipo de fundamento de autoridade que se estabelece entre eles e, em grande medida, isto é decisivo para a estrutura de dominação".[13] A dominação por meio da direção administrativa burocrática aparece como o tipo mais puro de dominação legal, onde só o chefe do grupo ocupa a posição de detentor do poder, inclusive até as atribuições de quem detém o poder constituem "competências legais". Este tipo de dominação racional é (assim como o tipo tradicional) uma forma cotidiana de dominação. Neste ponto, ambas se opõem perfeitamente à dominação carismática, que é, segundo Weber, extraordinária. Efetivamente, a racionalidade própria desta última encontra-se no fato de estar liberada de regras. É especificamente revolucionária porque transtorna o passado (especialmente nas épocas ligadas à tradição). Mas, ao mesmo tempo, não guarda sua pureza além do *statu nascendi*, logo é conduzida a racionalizar-se (quer dizer, legalizar-se) ou a tradicionalizar-se (rotinizar-se).

Quando Weber analisa a queda da monarquia alemã, em novembro de 1918, antecipa este duplo processo. De um lado, a insurreição conduzida por chefes carismáticos permite a perda da força dos detentores do poder legal. "A ditadura revolucionária ignora tanto a legitimidade tradicional como a legalidade formal".[14] Dito de outro modo, ela só pode ser carismática. Por outro lado, a afirmação desse poder foi possí-

---

13 WEBER, M. *Economie et Société*, *op. cit.*, p. 288.
14 *Idem, ibidem*, p. 347-349 e 352.

vel graças à aparição de uma nova direção administrativa nos conselhos de trabalhadores e de soldados. Mas esta "democracia da rua", derrotada pelas armas, havia deixado seu lugar a um novo sistema político. A questão desloca-se, então, entre a democracia parlamentar e a democracia plebiscitária. É, portanto, em relação à democracia política que esta tipologia nos interessa aqui.

Weber havia sublinhado uma primeira vinculação específica entre o Parlamento e a dominação legal, que é a forma moderna da dominação. De fato, a representação parlamentar moderna (livre) compartilha "a objetivação geral, a sujeição a normas abstratas (...) que são características da dominação legal". Mas, em uma dominação legal, a legitimidade "não é jamais crença".

Pelo contrário, a validade efetiva da dominação carismática passa, talvez mais que em qualquer outra, pelo reconhecimento, confirmado, dos dominados. Mas em uma democracia, a racionalização crescente das relações põe este reconhecimento como fundamento da legitimidade, e não como sua consequência. A democracia carismática expressa melhor que nada esta inversão na qual "a dominação carismática oculta-se sob a forma de uma legitimidade originada na vontade daqueles que são dominados e que não existe senão por ela".[15] Ao mesmo tempo, na democracia, o processo de rotinização do carisma parece particularmente pronunciado.

---

15 *Idem, ibidem*, p. 323 e 351.

A política dos juristas

Weber classifica, portanto,

> a "democracia plebiscitária" entre as formas de dominação carismática. Com efeito, a "democracia plebiscitária" – principal tipo de democracia dirigida por chefes – é, em seu aspecto autêntico, uma espécie de dominação carismática oculta, como acabamos de ver. O chefe (demagogo) domina graças ao apego e à confiança de seus partidários políticos em sua pessoa enquanto tal.[16]

Em 1919, Weber vê a dominação carismática nos Estados constitucionais ocidentais modernos sob a forma do "chefe de um partido parlamentar", tomando os exemplos de Gladstone ou de Lincoln do livro de Moise Ostrogorski.[17] E um verdadeiro chefe implica na existência de uma máquina, senão, é o reino de *Berufspolitiker ohne Beruf*. Mas para Weber "o fato de que um Estado ou partido sejam dirigidos por homens que, no sentido econômico do termo, vivem exclusivamente para a política e não da política, significa necessariamente que as camadas dirigentes recrutam-se de forma plutocrática".[18] Nesse sentido, todo recrutamento político não plutocrático é condenado.

Ainda que Weber rechace que esta constitua a figura determinante, numerosas características do tipo ideal correspondente à legitimidade carismática confundem-se em sua

---

16 *Idem, ibidem*, p. 351 e 383.

17 WEBER, M. "Politik als Beruf" (1919), trad. fr., Paris, 1991, p. 104 e 142.

18 *Idem, ibidem*, p. 113.

análise com a vocação política em sentido próprio, como se esta fosse sua forma autêntica, constitutiva do verdadeiro homem político, aquele que aspira ao poder. A esta categoria, em todo caso, opõem-se os "homens políticos profissionais", surgidos ao longo do processo de expropriação política dos meios materiais de gestão administrativa dos Estados, e que não aspiram tornar-se "chefes", mas a encontrar um trabalho, fazendo a gestão dos interesses políticos, ou, para dizer de outra maneira, vivendo da política. Nos Estados modernos, são os empregos públicos os que permitem recompensar aos partidários do chefe (do partido). Isto implica, forçosamente, uma contradição com "o desenvolvimento da função pública moderna, que exige, em nossos dias, um corpo de trabalhadores intelectuais especializados, altamente qualificados, preparados para sua tarefa profissional por uma formação de muitos anos". Na Alemanha, os interesses dos príncipes se tornam solidários aos dos altos funcionários contra as aspirações do Parlamento, gerando a figura do ministro-funcionário, com todas as consequências desastrosas no plano da direção política que isto implica e que Weber denuncia em seus artigos. De maneira geral, há sempre uma luta "entre quem detém o poder e a direção administrativa tendo em vista a apropriação ou a expropriação deste ou daquela". Encontramos, então, numerosos níveis de enfrentamento em um marco estatal: entre quem detém o poder e a direção administrativa; entre dois tipos de funcionários, "políticos" e "especializados"; entre o

A política dos juristas

chefe carismático e os políticos profissionais. Em todo caso, a democracia não pode passar dos limites dos maquinários políticos dos partidos, mais ainda, "a instituição desses maquinários significa a entrada em cena da democracia *plebiscitária*". Na nova situação alemã, "só o Presidente do *Reich*, sob condição de que seja eleito por plebiscito e não pelo Parlamento, pode se tornar a válvula de segurança frente a carência de chefes", ou mais ainda, diante da multiplicidade dos conflitos no seio do Estado. E mais, como diz a sua jovem audiência de 1919, há uma só opção: "ou uma democracia de chefes com aparato ou uma democracia sem chefes".

Mas se o antigo Estado da monarquia via-se na obrigação de dar aos funcionários administrativos a direção política, a democracia alemã tinha outra especificidade, que já aparece como tal nas análises weberianas: o principal partido político era uma empresa de interesses particulares proletários, socialistas. Nessa época, Weber considera a social-democracia alemã como um partido burocratizado, sem uma doutrina firme, ainda que aprecie o caráter disciplinado dos dirigentes de origem sindical no Conselho de Trabalhadores e Soldados de Heidelberg, do qual era membro ao final da guerra. Mas outro partido operário e socialista, o bolchevique, ainda mais fortemente centralizado que a velha social-democracia alemã, emergia também nesses momentos, sob formas que Weber ainda não conhecia bem.[19] Era a confluência entre uma verdadeira vocação política e um programa operário radicalizado que, desde o começo, temerá Carl Schmitt.[20]

A Construção da Problemática de Max Weber

A morte de Weber, em 14 de junho de 1920, marca também o começo de sua obra com "O" maiúsculo, uma tarefa a que se dedica com grande energia sua viúva Marianne, e sobre a qual nos deixou sentidas palavras – "vivo para a imortalização de sua obra sobre a Terra".[21]

Marianne Weber está envolvida nesta empresa em um duplo sentido: o principal é a publicação, sob sua

---

19 É o que explica os julgamentos sempre complexos de WEBER: assim, em seguida ao assassinato de R. LUXEMBURGO e de K. LIEBKNECHT ele fala, em seu discurso de 1919, de um par de ditadores de rua que desaparecem, mas rapidamente agrega: "só os partidários desses ditadores estavam verdadeiramente organizados e obedeciam a uma estrita disciplina: daí a força dessas minorias ". (Cf. "Politik als Beruf", *op. cit.*, p. 543). Ao mesmo tempo, via a razão principal da divisão do movimento socialista durante a guerra "na luta pelas posições chaves (e pelas prebendas)", agregando também a oposição entre evolução (nos reformistas) e planejamento (nos comunistas). (Cf. *Economie et Société, op. cit.* p. 164) Segundo MARIANNE, o discurso de 1919 está muito marcado pelo avanço das ideias bolcheviques, especialmente em Berlim e em Munique, onde ele havia sido testemunha direta das atividades destes grupos.

20 Sobre este ponto, ver o capítulo III.

21 Citado por BAUMGARTEN, E. *Max Weber. Werk und Person*, Tubingen, 1964, p. 605.

A política dos juristas

responsabilidade, de *Wirtschaft und Gesellschaft*, em fins de 1921 (segunda edição em 1925), e, em seguida, de suas obras completas. A segunda é a escrita de uma biografia, *Max Weber: Ein Lebensbild*, surgida em 1926, pelo mesmo editor dos escritos, e que busca dar um marco de interpretação de sua obra, iluminada através da personalidade heroica, apesar dos aspectos patéticos, de seu marido.[22]

Podemos qualificar esta operação de "política" em um duplo sentido: pela vontade de construir a reputação científica de Weber – "as pessoas ficarão surpreendidas quando tiverem sua obra em mãos", escrevia Marianne em 1926 –, e pela relação que ela estabelecia de maneira mais ou menos direta entre o objetivo científico e um projeto político para Weimar, tarefa à qual Marianne estava igualmente apegada. Com efeito, havia sido determinante no compromisso de Weber com os Democratas que tratavam de organizar seu amigo Naumann e seu irmão Alfred, mas também numerosos colegas da universidade de Heidelberg, como os juristas Gerhard Anschutz e Richard Thoma. De fato, Marianne alcançará, em 1919, o cargo ao qual seu marido havia aspirado em vão: ser eleita deputada na Assembleia Nacional de Weimar, representando o Partido Democrata, pelo distrito

---

22 WEBER, M. *Max Weber: Ein Lebensbild.* Tubingen, 1926

de Bade, uma função que ela oculta pudicamente na biografia de seu marido.[23]

Em todo caso, Marianne tinha razão: ninguém esperava uma obra tão imponente. Mesmo os adversários mais encarniçados da sociologia weberiana estavam desde sempre dispostos a reconhecer a força de sua personalidade ética e o fascínio que ela podia exercer. Mas a descoberta de *Economia e Sociedade* mostraria tudo o que o trabalho weberiano tinha de ambicioso e sistemático. Se as análises políticas de Weber, publicadas na imprensa desde 1917, haviam atraído a atenção de um público amplo em razão da personalidade vigorosa de seu autor, a publicação de seu *opus magnum* os prendia em uma reflexão mais conceitual, tirando-lhe seu lado prático para elevá-los ao nível de uma autêntica teoria política.

A primeira grande recepção neste sentido aparece no *Archiv fur Sozialwissenschaft und Sozialpolitik* alguns meses depois da morte de Weber, e trata da democracia, sua essência mas, também, de seu valor. É obra de um jurista austríaco ambicioso, que trabalhava na redação de uma constituição democrática para seu país, prevendo sua anexação à República alemã: Hans Kelsen. O que me interessa sublinhar aqui é a significação histórica desta interpretação em 1920, porque ela será um divisor de águas em um momento crucial que se

---

23 Sobre esse silêncio (e muitos outros), ver ROTH, G. "Marianne Weber und Ihr Kreis". In: ROTH, G. *Max Webers deutsch-englische Familiengeschichte 1800-1950*, Tubingen, 2001, p. 591.

A política dos juristas

desenvolve entre a morte de Weber e o começo da publicação de suas obras completas. Trata-se de uma leitura positiva, que articula a questão da democracia com a legitimidade formal. Kelsen apoia-se principalmente sobre *Parlament und Regierung im neugeordneten Deutschland*, um texto que havia se tornado rapidamente célebre, no qual Weber sintetizava, em junho de 1918, suas reflexões constitucionais. Mas esta interpretação tem, como ocorre amiúde em Kelsen, menos o caráter de uma elucidação que de uma anexação, onde se forçam os conceitos da teoria do ponto de vista estritamente filológico, para que sirvam como fundamento (ou justificação) de teses próprias.

Efetivamente, reivindicando análises weberianas, Kelsen considera que o problema de toda organização política (não somente da democracia) é aquele do melhor método para a seleção dos chefes. Questão central, porque ela toca a ideia-chave da democracia, aquela da "vontade popular". Weber, como já sabemos, a qualificava como "ficção", tal como Kelsen, que critica a teoria (ideológica) da representação que pretende ver no Parlamento um representante do povo (e não do Estado). Mas Kelsen não para por aqui: tendo presentes no espírito "a teoria e a prática bolcheviques", o jurista vienense considera que a democratização do executivo é, antes de tudo, sua parlamentarização. A democracia sem chefes que denunciava Weber torna-se agora um "ideal", ainda que a realidade seja mais a de uma pluralidade de chefes. É por isso que Kelsen não aceita (nem cita, ademais), as proposições weberianas a favor de um chefe hegemônico, eleito pelo povo. O mesmo ocorre com a crítica weberiana do sistema proporcional. E quando Kelsen retoma a análise sobre a burocratização, é para identificá-la com o progresso social. Com efeito, se a República (parlamentar e formal) tem um valor nesses períodos em que se põe em dúvida sua utilidade, gerada sobretudo por parte das forças revolucionárias de esquerda, é porque ela representa a forma política adequada numa época de politeísmo dos valores.[24]

A apropriação continua dois anos mais tarde em *Der soziologische und juristische Staatsbegriff*, em que Kelsen consagra um parágrafo a Weber sob o título, já sintomático por si mesmo, de "O Estado como Ordem Jurídica nas Categorias da Sociologia Compreensiva".[25] Kelsen criticava ali, no âmbito de uma marcada epistemologia neokantiana, a sociologia weberiana como forma de apreensão empírica da ação social, a começar pelo conceito de "existência" – para Kelsen, a "existência" do Estado é sua validade, o que é diferente da factualidade das ações. Trata-se de compreender o sentido específico de certas ações. A análise da ideia de direito em Weber leva Kelsen a afirmar o caráter normativo do conceito de ordem da sociologia com-

---

24 KELSEN, H. *Vom Wesen und Wert der Demokratie*, Tubingen, 1928 (separata), p. 15-17 e 29.

25 KELSEN, H. *Der soziologische und der juristische Staatsbegriff* (1922), Tubingen, 1928 (reimpr. 1981), p. 156 e ss.

A política dos juristas

preensiva, porque a única maneira de compreender o sentido das ações dos indivíduos é através das regras coativas externas. Embora haja numerosas regras obrigatórias que orientam as ações humanas, só há uma obrigação legítima, aquela que ordena o direito. Na definição da essência do Estado através do monopólio da violência legítima, Kelsen via o reconhecimento de que o Estado era essencialmente uma ordem jurídica normativa. Weber teria, apesar disso (e apesar de sua dívida com a teoria do Estado de Jellinek), avançado a tese da unidade do direito e do Estado. O que faz Kelsen elaborar uma proposição mais geral, de ordem epistemológica: "a sociologia política revela-se como uma teoria do direito".

Para apreciar a amplitude desta recepção é necessário voltar à teoria kelseniana da democracia, sobretudo sob a forma que ela adquire em 1925-1929, ou seja, no momento em que os andaimes da obra weberiana já haviam sido retirados. Ela toma, então, a forma de uma teoria do parlamentarismo, que Kelsen constrói com os materiais da análise weberiana: mas aqui onde Weber critica, ele tira proposições positivas, começando pela passagem de *Economia e Sociedade* onde Weber afirma que a forma de legitimidade mais corrente na atualidade é a crença na legitimidade formal. Embora a teoria kelseniana se apresente a si mesma como uma concepção realista, Kelsen torna em filosofia política a sociologia weberiana.

Creio que não se examinou, ainda, a importância que teve a leitura de Kelsen, unilateral e excessiva, na compreensão da teoria política weberiana em Weimar.[26] Em todo caso, não devemos esquecer que a apropriação de Kelsen é também muito marcada politicamente,[27] especialmente quando considera que a análise weberiana do Estado, concebido como uma grande empresa no sentido de uma fábrica, valida a organização dos chamados "Conselhos de Empresa", que não seriam mais do que a aplicação do princípio democrático na esfera econômica, desde o momento em que o problema da organização seria idêntico em ambos casos. No mesmo sentido, Kelsen compara as posições de Weber e de Lênin, encon-

---

26 O ensaio de KELSEN é completamente ignorado por MOMMSEN e, em seguida, pela maioria dos weberianos, mas também pelos juristas que estudaram ambos autores, que preferem insistir, depois de Norberto BOBBIO, sobre suas análises mais teóricas (a teoria do Estado) ou sobre os aspectos epistemológicos (acerca da neutralidade axiológica). Nesse sentido, é sintomático que os juristas como KELSEN ou THOMA não se encontrem não apenas entre os "contemporâneos" weberianos, mas tampouco no catálogo dessas confrontações. (Cf. MOMMSEN, W.; OSTERHAMMEL, J. (orgs.), *Max Weber and his Contemporaries*, Londres, 1987). Para leituras que insistem nas perspectivas coincidentes no direito moderno, apesar das diferenças epistemológicas, ver BOBBIO, N. "Max Weber e Hans Kelsen", *Sociologia del Diritto*, 1981, especialmente p. 152-153; mais recentemente COUTU, M. *Max Weber et les Rationalités du Droit*, Paris, 1995, p. 65-71 e 184-190. Para uma análise que acentua as diferenças filosóficas, ver CARRINO, A. "Max Weber et Hans Kelsen", em HERRERA, C. M. (dir.) *Le Droit, le Politique. Autour de Max Weber, Hans Kelsen, Carl Schmitt*. Paris, 1995. Contrariamente a uma lenda espalhada pela França – retomada ultimamente por P. ROSANVALLON, em *La Democratie Inachevée*. Paris, 2000 –, KELSEN jamais foi aluno de WEBER. Na realidade, seu único contato pessoal ocorreu em Viena, em 1918, por ocasião da estadia de WEBER como professor de economia política.

27 HERRERA, C. M. *Théorie Juridique et Politique chez Hans Kelsen*. Paris, 1997.

A política dos juristas

trando um parentesco entre a concepção weberiana de um parlamento colaborando com a administração e as funções de controle contínuo dos conselhos operários no líder bolchevique... São justamente estes paralelismos os que despertarão as reações críticas de Carl Schmitt, que coloca Weber e Kelsen dentro de um mesmo paradigma de análise do político com a lógica do direito privado.[28]

II

A ação de Marianne e a anexação de Kelsen são, de alguma maneira, convergentes, e estas operações colocam Weber do lado dos defensores da democracia e do sistema weimariano.[29] Os efeitos desta operação podem ser medidos nas primeiras leituras das concepções políticas weberianas. Por um lado, em seu próprio campo político, sobretudo em Richard Thoma, o jurista publicista oficial da República, ao lado de G. Anschutz, até se tornar a referência do novo direito público alemão. Por outro, nos jovens juristas socia-

---

28 KELSEN, Hans. *Vom Wert und Wessen der Demokratie, op. cit.*, p. 17 e 22; SCHMITT, C. *Parlamentarisme et Démocracie* (1923), Paris, p. 31. Entretanto, SCHMITT não deixa de qualificar como "demasiado rápida" a aproximação de KELSEN. Na realidade, KELSEN serve-se de WEBER para criticar o primitivismo político dos bolcheviques, especialmente quando querem abolir o funcionalismo público, embora afirme também que é na burocracia que reside o perigo principal da democracia.

29 V. GUSY, Ch. "Les Idées Démocratiques dans la République de Weimar". In: HERRERA, C. M. (org.), *Les Juristes de Gauche sous la Republique de Weimar*, Paris, 2002, p. 16-17.

listas. Essas duas recepções de Weber desenvolvem-se em momentos diferentes da evolução da República: depois da aprovação da Constituição de 1919, no caso Thoma; no momento de sua crise, para os socialistas. Mas ambas têm em comum o adversário contra o qual utilizam os argumentos weberianos: Carl Schmitt.

Uma Teoria Desencantada do Liberalismo?

Richard Thoma era bem mais que um simples leitor de Weber; estava muito próximo a ele, inclusive fisicamente: em Heidelberg, vivia no mesmo edifício que os Weber. Mas também tinham em comum a obra a construir a partir de novembro de 1918:

> A revolução – disse Thoma em seguida a um discurso eleitoral a favor da DDP em Heidelberg, em dezembro de 1918 – fez cair todo o edifício. O proletariado tomou em suas mãos o poder e nos chama à reconstrução. Uma reconstrução que, necessariamente, irrevogavelmente, não será mais das autoridades históricas, mas das maiorias... que se libertarão sobre a base de um sufrágio que não poderá ser mais restringido.[30]

---

30 Discurso de 18 de Dezembro de 1918 (*Parteiversammlung "Demokratie und Jugend"* da DDP), citado em RATH, H. D. *Positivismus und Demokratie: Richard Thoma 1874-1957*, Berlin, 1981, p. 34 e ss. A tese de RATH permanece como a obra de referência sobre THOMA. Ver em francês, JOUANJAN, O. "Un Positiviste dans la Crise: Richard Thoma" na obra

A política dos juristas

A antinomia da democracia é o "Estado de privilégio" (no interior do qual inclui a ditadura do proletariado). Nesse sentido, Thoma quer criar, com os nomes dos seus três camaradas de partido, Weber, Preuss, Naumann, a trilogia dos pais fundadores da República, enviando as suas obras e propósitos como provas dos novos princípios do parlamentarismo – uma trilogia que Schmitt considera, em princípio, insuficiente, mas que terminaria consagrando mais tarde.

Em um ensaio publicado no *Erinnerungsgbe fur Max Weber* – em seguida, ironia do destino, dos primeiros capítulos da *Teologia Política* schmittiana – Thoma propõe-se a "clarear, jurídica e sociologicamente, a essência e a função da democracia", uma vontade que apresentava já no subtítulo, raramente citado, de sua contribuição. Como Kelsen (e Weber), Thoma pensava que "perdemos toda precisão no conceito de democracia desde que passamos a determiná-la de outra forma que não do ponto de vista formal". É por isso que teria que descartar tudo aquilo que não fosse mensurável cientificamente para construir o conceito. Portanto, seus critérios de definição devem ser encontrados "nas normas do direito público vigente", o conceito de democraica é um "conceito jurídico" e, inclusive, o Estado não pode ser considerado

---

coletiva *Crise et Pensées de la Crise du Droit: Weimar, sa République, ses Juristes*, Lyon, 2002.

como uma formação social (*ein soziales Gebilde*).[31] Assim, a democracia é

> um Estado na medida em que, conforme o seu direito público, todos os níveis do povo têm um direito igual de sufrágio e no qual todos os poderes do governo estão estabelecidos, direta ou indiretamente, sobre esta base, o que compreende, necessariamente, as liberdades de imprensa, de reunião e de associação.[32]

Quando, em 1925, Thoma publica no *Archiv fur Sozialwissenschaft und Sozialpolitik* uma análise sobre a ideologia do parlamentarismo e da ditadura – de fato, uma resposta ao livro sobre a situação histórico-espiritual do parlamentarismo que Schmitt havia publicado dois anos antes –, o tom não é outro. Thoma pensa que a certidão de desfuncional estabelecida por Schmitt não tem sua constatação nos fatos, mas em uma certa ideologia da democracia. Dito isso, "o

---

31 THOMA, R. "*Der Begriff der modernen Demokratie en seinem Verhältnis zum Staatsbegriff. Prolegomena zu einer Analyse des demokratischen Staates der Gegenwart*". In: PALYI, M. (org.), *Hauptprobleme der Soziologie. Erinnerungsgabe fur Max Weber*, T. II, Munchen e Leipzig, 1923, p. 42 e 55. Melchor PALYI era o jovem colaborador húngaro de Marianne na edição das Obras Completas de Weber.

32 THOMA, R. "Das Reich als Demokratie". In: ANSCHUTZ, G.; THOMA, R. (orgs.), *Handbuch des Deustchen Staatsrechts*, T. I, Berlim, p. 190. Neste texto, não obstante, podemos ver em THOMA uma abertura muito maior às questões da legitimidade material, especialmente para os direitos fundamentais. Mas, para o marco conceitual da definição de democracia, ele reenvia sempre a seu ensaio de 1923.

A política dos juristas

valor e a vitalidade de uma instituição política não dependem de nenhuma maneira exclusivamente da qualidade e da força de persuasão das ideologias que são colocadas para justificá-las na literatura", são, pelo contrário, as transformações em seus fins e estrutura que podem ser tomadas com um índice de mudança. A posição schmittiana, portanto, é tachada de "idealismo conceitualista". A função do parlamentarismo democrático seria, então, aquela da integração política numa sociedade socialmente dividida. A democracia é a possibilidade de um poder que possa construir uma ponte entre as classes que se enfrentam, *klassenüberbrückend.*[33]

Não se trata somente da defesa política da democracia, a partir de um ponto de vista liberal-burguês progressista. Em sua contribuição às Miscelâneas em homenagem a Weber, Thoma tem o cuidado de separar o liberalismo da "democracia radical", onde a tendência fundamental era a igualdade. Para ele, certamente, "a dominação legítima na democracia apoia-se sobre a conquista da empresa de direção estatal com os meios legais autorizados pela integração e pelo recrutamento dos votos". O que quer dizer que a democracia moderna não pode viver sem partidos políticos. Mas, contrariamente a Kelsen, a seleção das elites não passa somente pelo sufrágio universal, sendo necessária também uma consciência do

---

33 THOMA, R. "Zur Ideologie des Parlamentarismus und der Diktatur", *Archiv fur Sozialswissenschaft und Sozialpolitik*, 1924/1925, p. 214; THOMA, R. "Der Begriff der modernen Demokratie…", *op. cit.*, p. 61.

papel das elites na burguesia: "Sob a dominação da maioria das massas, a mediocridade social exerce uma dominação exclusiva sobre o Estado, a economia, a arte e a ciência e oprime todo o que é de uma natureza superior, naturalmente aristocrático".[34] Desta forma, Thoma traduz a concepção weberiana da democracia plebiscitária dos chefes por uma fórmula surpreendente de seu *Wahlrede* de 1918: a democracia é uma "verdadeira aristocracia, ou seja, a dominação dos melhores, dos mais qualificados, tal é o verdadeiro objetivo da democracia". Esta reivindicação da democracia, diversamente daquela de Kelsen nos primeiros anos 1920, perdeu todo otimismo social, não é uma forma expansiva, convocante. "A democracia é a emancipação política – e somente política, agregamos – dos dominados". O democratismo liberal é antiigualitário, admite Thoma, sua igualdade limita-se ao direito ao sufrágio. A democracia, com seus princípios de igualdade e de maioria, seria o método atual "de domesticação de massas", a única forma adequada de defesa e conservação do Estado na atualidade. Quando Schmitt desdenha desta visão, qualificando-a de um simples conceito "jurídico" de democracia, está também julgando a atualidade de um projeto político que se quebra.

Schmitt considera-se também um aluno de Weber, pelo fato de ter seguido seus seminários em Munique, em 1919-1920. Como já sabemos, uma parte de sua

---

34 THOMA, R. conferência manuscrita, citada por RATH, *op. cit*, p. 37.

A política dos juristas

Teologia Política abre, sob o título de *Soziologie des Souveränitätsbegriffe und politische Theologie*, o segundo volume das já citadas Miscelâneas publicadas em memória de Weber, em 1923. Mas Schmitt fará um uso muito particular do pensamento weberiano, que podemos datar da publicação de seu *Verfassungslehre*, em 1928, sem que uma primeira leitura mais crítica desapareça completamente.[35]

Na realidade, a primeira aproximação de Schmitt sobre Weber era muito mais distanciada (e ela não é abordada por Mommsen). Com efeito, em sua *Teologia Política*, Schmitt confronta a sociologia weberiana, que segundo ele simplifica a significação do conceito de soberania, ao reduzí-la ao agente social que a utiliza, com sua própria sociologia ("teológica") da noção jurídica de soberania. Para Schmitt, a metafísica "é a expressão mais intensa e mais clara de uma época". Nesse sentido, a situação excepcional, tal como a encontramos no plano do direito constitucional no artigo 48 da Constituição de 1919, que regulamenta os poderes do Presidente do Reich no estado de exceção, tem o mesmo significado que o milagre na teologia.[36] Mas não compreenderemos o sentido desta opo-

---

35 Ela insinua algumas análises da *Verfassungslehre*, e a encontramos em particular em *Légalité et Légitimité*, de 1932, p. 14.

36 SCHMITT, C. *Théologie Politique* (1922), p. 46. Entretanto, as análises que constroem uma oposição entre SCHMITT e WEBER a partir dessas duas "racionalidades" sofrem muito, em minha opinião, da reconstrução do debate feita pelo próprio SCHMITT, especialmente depois de 1945, e sua apresentação em termos de uma espécie de "teólogo do direito". Ver, por exemplo, COLLIOT-THÉLÈNE, C. "Carl Schmitt contre Max Weber:

Carlos Miguel Herrera

sição se não localizarmos no lugar entre *Economia e Sociedade* e a *Teologia Política*, os escritos de Kelsen "sobre" Weber, que Schmitt cita abundantemente, e que têm consequências determinantes para o primeiro marco interpretativo, tanto político (parlamentarismo) como epistemológico (relativismo) das ideias weberianas.[37] Esta operação encontra-se, em particular, em sua análise da crise dos fundamentos intelectuais do parlamentarismo, onde Weber é considerado como um defensor do sistema parlamentar liberal.

Para dizer a verdade, Schmitt não é, então, o único crítico do "democrata-liberal" Weber. Um estudo de Otto Koellreutter – o futuro teórico do Estado nacional-socialista e adversário encarniçado de Schmitt na luta pelo reconhecimento acadêmico do nazismo –, surgido em 1925, é igualmente representativo da recepção reservada ao pensamento

---

Rationalité Juridique et Rationalité Économique". In: HERRERA, C. M. (org.), *Le Droit, le Politique, autour de Max Weber, Hans Kelsen, Carl Schmitt, op. cit.* Sem abandonar esse marco, G. Ulmen insiste especificamente sobre a confrontação política (Cf. ULMEN, G. *Politischer Mehrwert: eine Studie uber Max Weber und Carl Schmitt*, Weiheim, 1991).

37 Elas aparecem explicitamente discutidas em R. THOMA, que compartilhando totalmente a ideia de um conceito jurídico de Estado, rechaça a identificação entre Estado e Direito e a crítica que KELSEN dirige a WEBER (p. 58), segundo a qual o relativismo é a visão de mundo que serve de fundamento à ideia de democracia. No que concerne a SCHMITT, toda sua reflexão dos anos 1920 é uma confrontação política com KELSEN, incluindo os temas de problemas aparentemente jurídicos, como a defesa da constituição (Cf. HERRERA, C. M. *Théorie Juridique et Politique chez Hans Kelsen, op. cit.*, p. 191-194).

A política dos juristas

weberiano nas correntes antiparlamentares alemãs. Nesse texto, que estuda paralelamente as concepções políticas de Weber e de Oswald Spengler para a formação de uma essência alemã do Estado, e que se volta claramente em favor deste último, Koellreutter assinala que o Estado não é, para Weber, mais que uma empresa como qualquer outra, uma fábrica. Segundo seu comentário, o conceito de Estado em Weber é totalmente relativo, e a forma de Estado e de governo são para ele, à maneira das questões econômicas, um mero problema técnico. Finalmente, a concepção weberiana aparece como uma "política econômica", e o parlamentarismo aparece como a única forma possível no Estado atual.[38]

Encontramos uma crítica similar em Rudolf Smend e seu *Verfassung und Verfassungsrecht*, de 1928, que é considerado, então, como um dos constitucionalistas mais influentes da Universidade alemã. Para Smend – apoiando-se às vezes em Schmitt e unindo Weber a Kelsen – a concepção de Estado como *Betrieb* consagra uma heteronomia entre Estado e indivíduo, que aparece como seu objeto (ou vítima). Esta seria uma concepção "liberal", enquanto consagra a ausência de participação dos cidadãos no Estado, e "mecanicista" porque reduz o Estado a seus meios técnicos. Uma técnica – a metáfora weberiana retorna sempre – à maneira da empresa, e que é portadora só de uma integração funcional, ou seja,

---

38 KOELLREUTTER, O. "Die Staatspolitischen Anschauungen Max Webers und Oswald Spengler", *Zeitschrift fur Politik*, T. XIV, 1925, p. 482 e ss.

através da dominação, o que impede Weber, sempre segundo Smend, de se apropriar da essência do Estado.[39] Portanto, Weber confunde técnica e instituição, que seriam intercambiáveis para ele. Sua ideia da forma política para a seleção dos chefes reduz a constituição a "um aparato técnico e objetivo que atua mecanicamente para alcançar certos objetivos".

Como vemos, é apenas tardiamente que a concepção weberiana da dominação carismática plebiscitária servirá para legitimar a posição dos teóricos que defendem o papel do chefe de Estado, e logo em seguida, já em começos dos anos 1930, a prática dos governos presidenciais.[40] A referência a Weber, ao contrário, está ausente nas primeiras reflexões de Schmitt sobre o artigo 48 da Constituição de Weimar.

Na mudança da avaliação da teoria weberiana por parte dos juristas mais conservadores, pode ter tido um papel importante a lembrança das posições políticas de Weber no período de 1917-1919, concernentes ao Presidente da República, mas também a Paz de Versalhes.[41] Nesse sentido, a publicação, em 1927, das recordações do príncipe Max de Bade, que morrerá

---

39 SMEND, R. *Verfassung und Verfassungsrecht* (1928), em *Staatsrechtliche Abhandlungen*, Berlín, 1968, p. 122 e 184-185.

40 Cf. MOMMSEN, W. *Max Weber et la Politique Allemande, op. cit.* p. 477.

41 Ainda um crítico como Koellreutter recorda, quase como um paradoxo para um democrata, sua visão realista e não pacifista em política internacional, o que implica ignorar a tradição nacionalista e de "imperialismo ético" do liberalismo de esquerda alemão, solidamente expressado também em F. NAUMANN. Ver sobre esse ponto, OPITZ, R. *Der deustche Sozialliberalismus, op. cit.*

A política dos juristas

pouco depois, é um sinal importante. O último chanceler da monarquia reposiciona Weber ao lado dos "monarquistas", "de esquerda" por certo. Concede-lhe, especialmente, o papel de defensor determinante, depois da Revolução de novembro, do papel de um Presidente que obtém sua legitimidade do povo e não do Parlamento, como no rechaçado sistema francês.[42] É como se devessem passar pelas posições políticas de Weber para poder voltar sobre sua sociologia política a partir de uma perspectiva diferente daquela dos democratas. Um Smend poderia obter, a partir de uma observação puramente incidental de Weber, relatada por Marianne, a propósito do número de judeus entre os revolucionários, uma proposição sobre o caráter não integrador dos dirigentes dessa origem. E é o cesarismo que servirá de ponte.

A compreensão schmittiana encontrara, então, os meios para sua ambição. É na *Verfassungslehre*, tão importante na carreira de Schmitt, que esta releitura aparece pela primeiro vez. A consagração de Weber, retomando os ditos de Thoma,

---

42 Prinz Max VON BADEN, *Erinnerungen und Dokumente* (1927), Stuttgart, 1968, p. 170 e 359. O príncipe sustenta, ademais, que não há contradição entre democracia e aristrocracia. Ele havia criado, em fevereiro de 1919 com Max WEBER, e também Richard THOMA, a "Heidelberg Vereinigung fur eine Politik des Rechts", para lutar contra as imposições do Tratado de Versalhes e para o desenvolvimento de uma democracia regulamentada. A cidade havia sido escolhida em reconhecimento da personalidade eminente de WEBER (Cf. Prinz Max VON BADEN, *Die moralische Offensive. Deutschlands Kampf um sein Recht*, Stuttgart, 1921, p. 25-28).

como um dos pais fundadores da Constituição de Weimar, ao lado de Naumann e Preuss, sobre quem, por outro lado, Schmitt vai realizar uma tarefa similar de recuperação em favor de sua tese do presidente *als Huter der Verfassung*, parece então aceita. Schmitt se apoiará nas reflexões de Weber sobre a monarquia constitucional e, especialmente, no valor que representa o caráter hereditário – aquele de substrair da competitividade o lugar mais alto do Estado – para definir o Presidente weimariano como um poder neutro. Esta primeira aproximação positiva será aprofundada nas páginas finais de *Der Huter der Verfassung*, onde insiste sobre o caráter plebiscitário do Presidente para demonstrar seu caráter democrático, diante de um Parlamento de maiorias instáveis em um Estado pluralista de partidos.[43]

Embora para fundamentar sua tese do Presidente do Reich como guardião da constituição, Schmitt combine habilmente pontos de vista pessoais e proposições teóricas de Weber, sua leitura será imediatamente rechaçada no plano conceitual e político. A ilustração deste último avatar da recepção das ideias de Weber é a interpretação que se fará das análises de *Wirtschaft und Gesellschaft* sobre o problema da representação política à luz da crise da República, em fins dos anos 1920.

---

43 SCHMITT, C. *Der Huter der Verfassung*, Tubingen, 1931, p. 156-159. Ver a análise da filiação apresentada em MOMMSEN, *Max Weber et la Politique Allemande, op. cit.*, p. 477-486.

A política dos juristas

Estado Social de Direito ou Ditadura?

Os jovens teóricos do Estado na República de Weimar rechaçavam igualmente um conceito jurídico-formal de Estado e de democracia, mostrando-se "famintos de fundamentos ético-jurídicos substanciais", como escreveria Hermann Heller. Mas, para compreender o novo Estado e suas evoluções, a leitura de Weber era quase obrigatória. Certamente, para eles, Weber era um positivista, demasiado neokantiano e, ao mesmo tempo, "agnóstico" diante do grande antagonismo. Nesses círculos, não só os livros de Weber eram lidos (junto com as obras de Marx, Ferdinand Tönnies, Karl Renner, e... Hans Kelsen), mas também seus artigos jornalísticos e suas conferências do fim da guerra haviam deixado uma grande impressão em muitos deles, ao ponto de ter originado a vocação política em alguns destes jovens militantes socialistas.[44]

Estes podiam ser incitados também por seus dois grandes pioneiros no campo do direito, Hugo Sinzheimer e, sobretudo, Gustav Radbruch, que havia compartilhado a intimidade familiar dos Weber em Heidelberg – segundo uma recordação de Paul Honigsheim, Max o apelidava "alma cândida". Radbruch, que se fez socialista ao final da guerra e se transformou, pouco depois, em Ministro da Justiça, reivindicava, inscrevendo-se explicitamente na linha traçada por Marianne, a personalidade ética de seu amigo e, em

---

44 FRAENKEL, E. *Reformismus und Pluralismus*, Hamburgo, 1933, p. 20-21 e 170.

particular, seu relativismo metodológico, e não renunciava, por isso, a lutar por seus valores. Na pena desses juristas, que vinham do movimento liberal de esquerda de inícios do século XX, Weber aparecia como "um dos mais profundos" ou "o maior pensador político de nossos tempos". Estes autores mais antigos servem-se das páginas weberianas sobre a democracia como seleção dos chefes, ou das que afrimavam que os alemães não eram um povo político, especialmente em sua análise pública, em seus discursos ou em suas crônicas.[45] No momento em que se produz a crise, no final definitivo da República, podemos ler Sinzheimer recordando o juízo weberiano que sustentava que a política é um esforço tenaz para penetrar na dura madeira, ou ler Radbruch, sublinhando a ética da responsabilidade do homem político, como se ainda nessas circunstâncias, o legado weberiano pudesse ser mobilizado em favor da democracia alemã. O que prevalece na recepção destes autores que trataram do homem é mais a visão política de Weber do que sua sociologia.

Esta relação inverte-se em seus discípulos, menos impressionados pela personalidade de Weber: é sua descrição do Estado moderno que conta, especialmente em Heller. O que não quer dizer que se trate de uma leitura apolítica, pelo contrário; mas é a partir de uma análise sociológica do processo real que buscam

---

45 Ver, por exemplo, RADBRUCH, G. "10 Jahre Weimaren Verfassung" (1929), agora em *Gesamtausgabe*, T. 14, Heidelberg, 2002, p. 127; SINZHEIMER, H. "Chronik", *Die Justiz*, março de 1931.

A política dos juristas

responder à situação política. O tema Weber nos jovens teóricos socialistas do Estado torna-se ainda mais complexo porque muitos deles estão também, ao mesmo tempo, muito influenciados por Carl Schmitt, transformado já na época em outro vetor polêmico do pensamento weberiano em Weimar.[46]

No parágrafo 21 do capítulo referente aos "tipos de dominação", Weber analisa a forma e a essência da representação. Para ele, "a racionalização formal da economia e do Estado, favorável ao desenvolvimento capitalista, pode ser amplamente favorecida pelos Parlamentos".[47] Com efeito, o capitalismo moderno torna impossível a representação por estamentos, sua racionalidade tem necessidade de calculabilidade e de confiança no funcionamento da organização jurídica e administrativa. Deveria ser estabelecido, portanto, um corpo, o Parlamento, que serviria para limitar os príncipes e os senhores feudais através do controle das finanças públicas e da legislação. Para instalar essa supremacia da burguesia, se deveria, também, construir uma representação sobre a base de um mandato livre (em relação às ordens particulares), ou seja, "universal". Nessa época, a extensão do voto poderia ser aceita porque o proletariado não era uma força perigosa; pelo contrário, a burguesia tinha neces-

---

46 Para uma análise desta influência, v. VILLACANAS BERLANGA, J. L. "Los Limites de la Influencia de Schmitt sobre los Juristas de Izquierda en la Republica de Weimar". In: HERRERA, C. M. (org.), *Les Juristes de Gauche sous la République de Weimar, op. cit.*

47 WEBER, M. *Economie et Société, op. cit.*, p. 386.

sidade de seu apoio em seus conflitos com a nobreza, no plano interno, e também para seus planos de conquista, no plano das relações exteriores. O Parlamento poderia funcionar com distintas classes possuidoras, "entre elas", onde os partidos estariam orientados não pelos interesses de classe, mas de ordem e das contradições entre diferentes tipos de propriedade. No entanto, a situação dos Parlamentos havia começado a se transformar, ao mesmo tempo em que os partidos puramente de classe, em particular os partidos proletários, afirmavam uma força cada vez mais crescente.

Desta descrição poderiam ser extraídas consequências políticas diversas. Schmitt considerava – e aqui situa-se, sem dúvida, todo o fundamento de sua polêmica antiparlamentar desses anos – que o Parlamento não podia "integrar em uma unidade política o proletariado, massa não possuidora e não educada", diferentemente do que havia ocorrido com a burguesia no Estado monárquico. Para Schmitt, que retoma sua análise já avançada em 1925, só se "poderá dominar politicamente a nova situação criada pela emergência do proletariado e recriar a unidade política do povo-Estado alemão" ao excluir "seu componente liberal". Aqui estaria o erro de apreciação de Max Weber, Friedrich Naumann e Hugo Preuss a respeito do funcionamento do Parlamento no momento do nascimento da República de Weimar.[48]

---

48 Cf. SCHMITT, C. "L'État du Droit Bourgeois" (1928), em SCHMITT, C. *Du Politique*, Paris, 1990, p. 47, p. 35. *Théorie de la Constitución*, trad. fr., 1993, p. 461. R. SMEND, pelo contrário, faz uma distinção entre NAUMANN por um lado, que buscava uma integração substancial pela

A política dos juristas

A partir do momento em que as classes educadas e proprietárias não dominavam mais, o parlamentarismo não poderia funcionar com uma lógica integradora. Schmitt vai mais longe ainda: acusa o "liberal" Weber de desconhecer a "estrutura teórica do Parlamento, determinada essencialmente por qualidades como a instrução e propriedade", embora considere seu pensamento como a "única ideologia vigorosa que tinha ainda o parlamentarismo".[49] Introduzindo em seu seio a problemática da "seleção dos chefes", esses liberais substituíam a ideia de Estado de direito por uma "combinação de democracia e reformas sociais". Entretanto, a juízo de Schmitt, esta orientação política, inspirada pelo modelo inglês do chefe de partido-homem de Estado, não podia funcionar na Alemanha. Como havia assinalado Koellreutter, a tradição inglesa é a de um Estado dos partidos, enquanto que a alemã é a do Estado dos funcionários públicos. Schmitt retoma esta análise em 1932, quando reduz a legalidade à mera legitimidade de uma modalidade do Estado de direito, o chamado "Estado legislador". Quando a crise deste Estado aumentava em Weimar, não restaria senão o apoio na legitimidade plebiscitária do Presidente do Reich e dos funcionários de carreira.

---

inclusão de uma declaração dos direitos fundamentais na Constituição de 1919, e PREUSS, de outro, que acreditava ser possível uma integração formal. Uma reivindicação de NAUMANN aparece, também, apesar disto, no SCHMITT de *Legalität und Legitimität*.

49 SCHMITT, C. *Théorie de la Constitution, op. cit.*, p. 486.

Carlos Miguel Herrera

Os principais constitucionalistas social-democratas, começando por Heller, veem na análise weberiana uma descrição do processo objetivo do Estado de direito, que a social-democracia buscava prolongar no sentido de uma democratização social. Com o capitalismo desenvolvido e organizado, o proletariado, por sua vez também forte e organizado, apropria-se da exigência democrática burguesa, exigindo uma "democracia social", uma reivindicação proletária que será analisada por Heller como a simples extensão da ideia de Estado de direito material ao nível das relações econômico-sociais. Mas a igualdade política e jurídica do proletariado com a burguesia faz com que esta última comece a se desesperar com o velho ideal do Estado de direito, uma manobra cujos germes encontram-se já no fracasso de 1848. Seus teóricos preocupam-se agora com o vazio de sentido que busca a lei formal e a ideia de Estado de direito encontra-se transformada em uma concepção técnico-formal, sobretudo no que concerne ao princípio da igualdade perante a lei, onde todo ideal de justiça material desaparece. Pelo mesmo movimento, a proibição de arbitrariedade é dirigida sobretudo ao legislador, o que estaria garantido por um controle de constitucionalidade de leis atribuído aos juízes. Mas como a existência de um Estado de direito liberal supõe também a submissão dos governantes às leis democráticas, ou seja, à vontade das massas representada pelos parlamentos, assim como um controle deles pelos tribunais; é o que faz alguns setores da burguesia irem ainda mais longe, simpatizando abertamente com

A política dos juristas

a ditadura. Entretanto, a submissão da economia às leis sob o Estado de direito, como previa a Constituição de 1919, é a expressão da proeminência dos fins sobre os meios; mais ainda, o Estado de direito social conhecia já um começo de realização pela Constituição de Weimar, apesar de todas as limitações institucionais. A decisão encontrava-se entre "ditadura facista ou Estado de direito social".[50]

Desta maneira, diante do aprofundamento da crise, são os juristas burgueses os que deixam de lado o conceito de legalidade, e são os socialistas que se esmeram em sua defesa. Logo após ter descartado o rumo conceitual da noção de Estado de direito, Schmitt considera que

> levando em conta a prática da adoção de decretos de urgência pelo Presidente do Reich, o Estado alemão contemporâneo aparece em sua realidade constitucional concreta como uma combinação de Estado administrativo e jurisdicional; que encontra sua justificação específica última sobre a base e no marco da legitimidade democrática plebiscitária.

---

50 HELLER, H. "Rechtsstaat oder Diktatur?" (1929). In: *Gesammelte Schriften*, Tubingen, 1971, T. II, p. 450 e 462. Para a discussão, ver HERRERA, C. M. "La Social-Démocratie et le Concept d'État de Droit sous Weimar" (1998), trad. esp. em HERRERA, C. M. *Derecho y Socialismo en el Pensamiento Jurídico*, Bogotá, 2002.

Mais ainda, "a legitimidade plebiscitária transforma-se no único tipo de justificação estatal válida.[51]

Esta tomada de posição schmittiana, durante o verão de 1932, despertará uma nova reação dos jovens juristas socialistas – que seguem os cursos de Schmitt em Berlim, e que ele mesmo cita neste ensaio –, onde as referências a Weber parecem cada vez mais abstratas. Ainda que Franz Neumann, em sua carta de agradecimento pelo envio de *Legalidade e Legitimidade*, tenha se declarado de acordo com Schmitt quanto ao fato de que o parlamentarismo não poderia durar sem chegar a um compromisso, denunciaria, depois do fim da República, a utilização da noção de legitimidade carismática da burguesia para justificar os chefes fascistas na Alemanha e na Itália.[52] Para fazer isso, Schmitt e os outros teóricos da burguesia deveriam, como denunciava um antigo aluno de Schmitt, Otto Kirchheimer, opor a legalidade à legitimidade, o que equivaleria buscar, mais além da Constituição de 1919, em uma constituição ideal: "Aqui, legalidade e legitimidade podem ser diferentes, aqui a legalidade pode

---

51 SCHMITT, C. *Legalität und Legitimität*, Munchen e Leipzig, 1932, p. 92-93. Legalidade e legitimidade degradaram-se em utilidades técnico-funcionalistas, das quais se servem os partidos políticos em um Estado pluralista, como táticas. Na realidade, a reconstrução está marcada aqui, como aparece explicitamente, pela leitura que LUKÁCS havia feito do leninismo. Sobre este ponto, ver o cap. III.

52 NEUMANN, F. "Zur marxistischen Staatstheorie" (1935). In: Neumann, F. *Wirtschaft, Staat, Demokratie: Aufsätze 1930-1940*, Frankfurt, 1978, p. 143.

A política dos juristas

ser absolutamente deslocada pela legitimidade".[53] Embora Schmitt tivesse tomado distância explicitamente da conceituação de Weber no início de seu ensaio de 1932, não é menos certo que quando Kirchheimer sustenta que a legitimidade da democracia parlamentar consiste unicamente na legalidade, está mais próximo de Kelsen do que de Weber.[54]

Finalmente, se os juristas socialistas apropriaram-se de um conceito legal-formal de legitimidade, será por razões meramente defensivas, em fins da República, para legitimar um fracasso político. Até Heller sustentaria que a legalidade do Estado de direito, a partir do momento em que havia perdido todo fundamento metafísico, deixava de fora a possibilidade

---

53 KIRCHHEIMER, O.; LEITES, N. "Bemerkungen zu Carl Schmitts 'Legalität und Legitimität'", agora em KIRCHHEIMER, O. *Von der Weimarer Républik zum Faschismus: Die Auflösung der demokratischen Rechtsordnung*, Frankfurt, 1976, p. 149. Esta crítica é significativa porque pouco tempo antes, KIRCHHEIMER lia WEBER sob a influência de SCHMITT. Em sua análise do SPD, sendo um militante de esquerda, KIRCHHEIMER parece querer colocar no lugar do demagogo, o partido. Mas não um partido de homens vivendo da política, mas da política proletária. Em KIRCHHEIMER o carisma, sua força extraordinária, aparece reunida na ideia do mito. Neste sentido, ele é muito crítico a respeito da burocratização do partido, que seria a responsável por esse realismo míope. Nesse artigo de 1929, publicado na revista de esquerda *Der Klassenskampf*, KIRCHHEIMER relaciona o fracasso da experiência que pretendia articular o socialismo ao aparato do Estado e esta política da cotidianidade.

54 Para medir esta aceitação da teoria da democracia de WEBER, ver especialmente o comentário de KIRCHHEIMER a *Legalität und Legitimität*, *op. cit.*, que havia saído antes na velha revista weberiana *Archiv fur Sozialwissenschaft und Sozialpolitik*.

de se implantar a legitimidade, ficando, assim, encerrado no marco conceitual de Schmitt.[55] Heller concluiria, depois do fim da República, que

> o poder não legítimo pode criar o direito, porque, por um lado, a legalidade da conduta não está necessariamente condicionada pela legitimidade da norma jurídica, os homens obedecem mesmo ao direito injusto (...) e, por outro lado, porque o direito é a forma exterior necessária, mesmo do poder não legítimo.

No entanto, a complexidade da conflituosidade no seio do Estado que Weber descrevia, e também sua visão da democracia cesarista, haviam sido adulteradas por Schmitt e seus discípulos de esquerda, desde o momento em que o Presidente do Reich, ao menos tão tradicional como carismático, não era um contrapeso à administração, mas seu servidor, como estava ocorrendo ao final da República através da prática do artigo 48. A elite dirigente não procedia de nenhuma verdadeira seleção dos chefes, mas das próprias castas burocráticas. Desta forma, não era suficiente apoiar-se na concepção da legitimidade carismática para apoiar a utilização do art. 48; deveria ser negada, também, toda uma parte da concepção weberiana da legitimidade.

---

55 HELLER, H. *Staatslehre* (1934), em HELLER, H. *Gesammelte Schriften*, T. III, 1992, p. 331.

A política dos juristas

As múltiplas referências à obra weberiana são um sinal de sua riqueza, mas também de sua ambivalência, entre uma sociologia do Estado e um pensamento político cujos polos poderiam ser mobilizados, a seu turno, pelos diferentes (e opostos) atores do debate. Estamos no marco dos usos de uma teoria, não de sua interpretação. Por certo, nenhuma ferramenta intelectual, por mais complexa que ela seja, permite explicar definitivamente as vicissitudes de uma forma política. "Os fatos", gostava de repetir Weber, "não significam nem mais, nem menos do que são, só o que são". Mas então, é a desordem, não a verdade (como pretendia Schmitt), quem se vingará.

Capítulo II

Kelsen e o Liberalismo

A teoria política de Kelsen é considerada, segundo uma arraigada tradição, como uma expressão do liberalismo político. Mais ainda, pode-se dizer que o liberalismo forma parte da "concepção aceita" da *reine Rechtslehre*, ponto de vista compartilhado tanto por seus adeptos como por seus críticos. Este liberalismo torna-se a tal ponto evidente que, além de numerosas alusões, não existem estudos precisos e detalhados sobre as relações entre Kelsen e o liberalismo.

No entanto, contrariamente ao que este amplo consenso daria a entender, os laços de Kelsen com o liberalismo apresentam, em meu entender, um caráter complexo: se existem, de maneira clara, componentes liberais em seu pensamento, não se pode, contudo, ignorar certas incompatibilidades entre algumas das proposições da doutrina kelseniana e um liberalismo *stricto sensu*. Certamente, muitos destes problemas têm sua origem na plurivocidade do termo "liberalismo". Não obstante, creio que uma leitura deste tipo se mostraria particularmente unilateral se esse liberalismo caracterizasse a teoria de Kelsen como apolítica, irrealista e, inclusive, moralista.

Na realidade, considerar liberal a teoria kelseniana foi quase um lugar-comum nos anos 1920, especialmente durante os debates políticos e jurídicos que se desenvolviam na República de Weimar. Neste trabalho, tomaremos como centro desta caracterização a crítica daquele que foi apresentado como um teórico realista por excelência e antiliberal por vocação: Carl Schmitt. Mas não se deve esquecer que Kelsen era definido como liberal por um arco ideológico que ultrapassava um marco político conservador (onde podem ser situadas as críticas de Erich Kaufmann, Rudolf Smend, Heinrich Triepel); recordemos neste sentido o juízo de um social-democrata como Hermann Heller, para quem a teoria kelseniana representava "a absolutização metódica do liberalismo e de sua 'liberdade do Estado'". No entanto, abordar a relação de Kelsen com o liberalismo através das considerações de Schmitt nos permite também estudar, desde outro ângulo, a confrontação entre estes dois grandes juristas.[1]

Para Schmitt – de quem nos interessa aqui mais a crítica do que a teoria – a característica principal do liberalismo encontrava-se em sua apoliticidade. Com efeito,

> o sistema teórico do liberalismo interessa-se só pela luta contra o poder do Estado no terreno da política interior,

---

1 O aspecto mais conhecido da polêmica entre ambos teóricos é aquele que se refere à defesa da constituição. Sobre este tema, HERRERA, C. M. "La Polémica Schmitt-Kelsen sobre el Guardián de la Constitución", *Revista de Estudios Políticos*, 1994.

A política dos juristas

esta existe em um conjunto de métodos aptos para frear e controlar o poder do Estado em favor da liberdade individual e da propriedade privada, em fazer do Estado um compromisso, em transformar as instituições em válvulas de segurança.[2]

Segundo Schmitt, os dois pilares do Estado de direito burguês, "a liberdade individual e a separação de poderes, são alheios ao político (*unpolitisch*): estes princípios não implicam em nenhuma forma de Estado, só são uma forma de organização de freios ao Estado".[3]

Em particular, a teoria kelseniana, segundo Schmitt, havia perdido o sentido político da democracia, a substância da igualdade democrática. Ao considerar que a essência do parlamentarismo situava-se no compromisso, Kelsen confundiria democracia com liberalismo, construindo, assim, "uma definição liberal da democracia". Dita definição, sempre segundo o jurista alemão, levava Kelsen a realizar "a velha negação liberal do Estado diante do direito e a ignorância do problema autônomo da realização do direito".[4] Schmitt assinalava, no entanto, que esse liberalismo havia perdido "a velha fé na soberania da razão".[5]

---

2 SCHMITT, C., *La Notion de Politique* (1932), trad. fr., Paris, 1992, p. 115.

3 SCHMITT, C. "L'État du Droit Bourgeois" (1928), trad. fr., em SCHMITT, C. *Du Politique*, Paris, 1992, p. 33 e ss.

4 SCHMITT, C. *Théologie Politique* (1922), trad. fr., Paris, 1988, p. 32.

5 SCHMITT, C. *Teoría de la Constitución* (1928), trad. esp., Madrid, 1982, p. 75.

Entretanto, o essencial neste bosquejo de um Kelsen liberal, esboçado em sua maior parte por alusões sucessivas, corresponde mais a um liberalismo decimonônico (Constant, Guizot, Tocqueville) do que às ideias do jurista austríaco. Mas Schmitt parece pensar que o núcleo político-intelectual do liberalismo detém seu desenvolvimento em 1848, e, de fato, não fará nunca, com exceção de alguns comentários, que não aprofundará, diferenças em seu seio. Em todo caso, considerava "a" teoria normativa do Estado "de Kelsen" como a herdeira do liberalismo doutrinário logo após as transformações de 1918 na Alemanha. Para Schmitt, inclusive, a Constituição de Weimar, uma das primeiras expressões do constitucionalismo social, como a Mexicana de 1917, era "uma constituição póstuma", que realizaria os ideais do Estado de direito burguês do século XIX.

Um antigo aluno de Kelsen na Faculdade de Direito de Viena, Friedrich Hayek, não compartilhava da apreciação schmittiana. Pelo contrário, qualificava o autor da *reine Rechtslehre* de socialista e o seu positivismo jurídico como antiliberal. A referência a Hayek, cujas análises pontuarão nosso estudo, apresenta para o tema que nos ocupa um duplo interesse: não apenas porque ele pode ser considerado como um dos principais teóricos do liberalismo de nosso século, mas também porque ele considerava Schmitt um extraordinário estudioso da política.

A política dos juristas

Neste capítulo, pretendo mostrar que, se existem laços entre a teoria política de Kelsen e o liberalismo, estes são, em numerosos aspectos, problemáticos e, inclusive, contraditórios.[6] É interessante constatar que a política kelseniana é menos unívoca do que se pensa habitualmente, de onde o interesse de pensá-la a partir destas tensões.[7] Dividiremos a análise em dois grandes momentos: no primeiro deles, questionaremos o liberalismo de Kelsen à luz de sua atitude diante desta doutrina. Em um segundo momento, procederemos ao estudo do pensamento kelseniano através de um conjunto de características que nos parecem constitutivas, em graus diferentes, de uma teoria política liberal. Propomos algumas formas de leituras possíveis deste conjunto de proposições.

I

A atitude de Kelsen perante o liberalismo talvez encontre elementos de análise no contexto no qual as proposições do jurista austríaco se desenvolvem. Em particular, trata-se de um jurista que não é só um professor universitário, mas também um operador de sistemas jurídicos concretos e, uma vez

---

6 Talvez convenha esclarecer que tomamos o termo "liberalismo" como uma doutrina política e não como equivalente a um conjunto de características estruturais do capitalismo (o que não significa de modo algum, que aquela seja independente deste).

7 Por necessidades próprias da apresentação, considerarei a teoria de KELSEN como um todo, sem levar em conta eventuais periodizações de sua obra política.

mais, em um lugar que condensa muitas das contradições políticas e sociais do curto século XX, a Viena do entreguerras.

Pureza Teórica e Simpatias Políticas

É interessante, talvez, começar recordando alguns dados pouco meditados da biografia de Kelsen. Segundo vemos na obra que foi consagrada por Rudolf A. Métall,[8] que não só tem um caráter oficial, mas que toca de leve a autobiografia, Kelsen ocupou numerosas funções extrauniversitárias na Áustria, desde as primeiras décadas do século XX. Foi conselheiro jurídico do último ministro da guerra do Império. Imediatamente depois, ocupa a mesma função com o primeiro chanceler da nova República, Karl Renner, em razão de suas relações pessoais com os círculos intelectuais do partido social-democrata. No contexto destas últimas tarefas, foi o redator da Constituição Federal da Primeira República austríaca. Promulgada esta, Kelsen será nomeado, sucessivamente, membro vitalício e relator permanente da Corte Constitucional de Justiça. Entretanto, menos de uma década mais tarde, é substituído em suas funções, em cumprimento

---

8   Cf. MÉTALL, Rudolf A. *Hans Kelsen, Leben und Werk*, Viena, 1969. Na realidade, podemos falar mais de "autobiografia" do que de biografia, não só pelo fato da amizade que ligava ambos os homens (e que encontramos habitualmente nos generosos julgamentos que MÉTALL tem sempre sobre KELSEN), mas porque ela foi redigida a partir de dois escritos autobiográficos de KELSEN e das recordações deste último.

A política dos juristas

da reforma constitucional de 1929, que buscava, entre outras coisas, "despolitizar" esta jurisdição que tivera uma série de conflitos com o governo social-cristão. Entretanto, o Partido Socialista irá lhe propor designá-lo novamente. Seu biógrafo esmera-se em sublinhar que Kelsen não podia aceitar esta oferta em razão da independência que deveria existir, segundo ele, entre suas funções e sua teoria, mas também, o que é um argumento de outra natureza, porque aceitar participar no novo tribunal seria legitimá-lo sem qualquer possibilidade de ação, levando-se em conta que só se previam dois cargos para os social-democratas contra doze da maioria social-cristã.

Resulta interessante, também, deter-se nos jornais nos quais Kelsen escrevia naqueles anos. Além das revistas jurídicas especializadas, e em publicações científicas como o *Archiv fur Sozialwissenschaft und Sozialpolitik*, criado por Weber, ou *Imago*, do círculo de Freud, Kelsen publicava ensaios em lugares claramente identificados com a cultura ou a política de esquerda, como o *Archiv fur die Geschichte des Sozialismus und der Arbeiterbewegung* (a *"Grünbergs Archiv"*, onde encontramos especialmente seus trabalhos sobre o socialismo de Estado, assim como sobre seu admirado Ferdinand Lassalle), ou mais tarde, em *Die Justiz*, órgão da associação de juristas republicanos alemães. Não faltam, tampouco, artigos no diário da social-democracia austríaca, a *Arbeiter-Zeitung*, apesar de colaborar também na *Neue Freie Presse*, representante da grande imprensa liberal austríaca. Mas, para dizer a verdade, o conteúdo "político" dos artigos surgidos neste jornal, lido pela burguesia instruída, não difere demasiadamente: encontramos, nestas páginas, além de análises político-jurídicas, uma homenagem a Franz Oppenheimer, um dos primeiros a se proclamar um *liberaler Sozialismus,* como recorda Kelsen, e dois artigos sobre Lassalle, onde repete as conclusões que, em forma de instrução, encerravam seu ensaio do *Grunbergs-Archiv:* "Zuruck zu Lassalle!"

Métall insiste sobre o caráter "apolítico" da teoria kelseniana (sem distinguí-lo jamais do aspecto "não partidário"), não só assinalando que Kelsen não aderiu jamais a nenhum partido político, mas também recordando sua amizade com líderes e intelectuais políticos de diferentes correntes: Max Adler, Otto Bauer ou o já mencionado Karl Renner (qualificando os três de "liberais", o que nos mostra a extensão desta categoria na biografia), entre os de esquerda, e Josef Schumpeter e Ludwig von Mises, de direita. Mas o mais interessante na biografia de Métall é o percurso político de Kelsen tal como ele o apresenta. Se o jurista austríaco não se filiou nunca ao partido social-democrata (seu desejo de independência intelectual era mais forte do que as exigências da disciplina partidária), Métall assinala que Kelsen, ainda rechaçando a teoria política do marxismo, estava de acordo com o programa "democrático" da social-democracia austríaca. Inclusive se, em um primeiro momento, Kelsen havia se oposto ao programa de nacionalização da economia em nome de seu individualismo,

A política dos juristas

as consequências da crise econômica que se seguiu à Primeira
Guerra Mundial o haviam levado a reconhecer que

> o sistema econômico do liberalismo não constitui ne-
> nhuma garantia para a segurança econômica da massa
> de despossuídos, o que acarreta a necessidade de uma
> nacionalização dos meios de produção. Sendo conscien-
> tes da dificuldade de conciliar a nacionalização da pro-
> dução com a liberdade política dos indivíduos, [Kelsen]
> foi suficientemente objetivo para reconhecer que, para
> uma grande maioria, a segurança econômica era mais
> importante do que a liberdade intelectual.

Em definitivo, para Kelsen, "o futuro pertence à economia planejada, por isso "viu e vê com simpatia os partidos que
são, ao mesmo tempo, socialistas e democráticos".[9]
De fato, já antes dos anos 1920, Kelsen estava politicamente próximo do partido social-democrata austríaco, em
particular de sua ala "direita", identificada com a figura de
Renner. Pouco antes de sua evicção da Corte Constitucional,
Kelsen firmara, junto a outros intelectuais vienenses, um
manifesto que conclamava o voto na social-democracia nas
eleições de 1928. Muitos anos depois, já definitivamente
instalado nos Estados Unidos, em um clima de guerra fria
que pudera, inclusive, deixar alguma marca em seus escritos,
Kelsen continuava pensando que "a democracia pode (*must*)

---

9 MÉTALL, Rudolf A. *op. cit.*, p. 33.

ser combinada com o socialismo. Pessoalmente, eu não estou contra este programa político [...]".[10]

Mas, no momento de seus estudos, o liberalismo era a *Weltanschauung* dominante nos meios universitários.[11] Isto explica talvez porque Kelsen escreveria no prefácio de sua tese de habilitação uma frase que lhe será censurada ulteriormente: "desde o momento em que meus resultados se apoiam sobre numerosos pontos da velha teoria liberal do Estado, não poderia me opor pontualmente quando, de alguma maneira, podemos ver em um trabalho um sintoma desse neoliberalismo que parece estender-se por todas as partes".[12] Não será demais, talvez, recordar que seu diretor de estudos e principal apoio universitário neste tempo, Edmund Bernatzik, pertencia a esse movimento político – "um liberal do século XIX", segundo o juízo retrospectivo de Kelsen em uma recordação que não parece particularmente grata, nem na esfera pessoal nem na científica.[13] Nos anos 1930, outro discípulo desse professor austríaco de direito político, Hermann Heller, considerava esta frase como a *confesio* que provava o

---

10 KELSEN, H. *Foundations of Democracy. Ethics*, 1955, p. 75.

11 Sobre a extensão do liberalismo, em sentido amplo, na "intelligentzia" austríaca, cf. MOCK, E. "Hans Kelsens Verhältnis zum Liberalismus", *Rechtstheorie*, 1982, p. 441.

12 KELSEN, H. *Hauptprobleme der Staatsrechtslehre. Entwickelt aus der Lehre vom Rechtssatze*, Tubingen, 1911, p. XI.

13 Citado por MÉTAL, Rudolf A. *op. cit*; p. 18-57.

A política dos juristas

"antisocialismo de Kelsen".[14] Claro que Heller não levava em conta o fato de que, em 1923, por ocasião da segunda edição dos *Hauptprobleme*, esta frase desaparecera, e que, em 1929, Kelsen a desaprovara explicitamente.[15]

Estes elementos biográficos são, sem dúvida, tão sintomáticos quanto insuficientes: uma teoria pode ser (estruturalmente) liberal, para além das opções políticas pessoais de seu autor, e isto seria talvez mais pertinente ainda quando este, como Kelsen, pretendia distinguir radicalmente o trabalho científico de suas simpatias políticas subjetivas.

Analisando o Liberalismo

Embora Kelsen não vá escrever um estudo específico sobre o liberalismo, é interessante recordar algumas das caracterizações que se encontram dispersas ao longo de sua obra. De maneira geral, Kelsen aborda o liberalismo como um "conteúdo específico" da ordem estatal. Mas suas análises apresentam níveis e objetos diferentes.

Surgem de maneira muito precoce, e em um tom inquestionavelmente crítico, um conjunto de análises kelsenianas

---

14 HELLER H. "Staatslehre" (1934), reproduzido em *Gesammelte Schriften*, Tubingen, 1971, vol. 3, p. 150.

15 KELSEN fala de "uma reflexão precipitada" e assinala que "não podemos ler só o prefácio do trabalho de um aprendiz se queremos julgar a obra de um autor " (cf. KELSEN, H. "Juristischer Formalismus und reine Rechtslehre", *Juristische Wochenschrift*, 1929, p. 11).

sobre o que poderíamos chamar de os fundamentos do liberalismo. De fato, em um ensaio de 1913, Kelsen considera que o século XIX, dominado pelas ciências naturais, havia sido uma era apolítica (*unpolitisch*). O liberalismo, negando o Estado, nega toda política: em outros termos, é a liberação de toda política.[16] Para o jurista austríaco, existia uma sintonia entre a visão do mundo e a estrutura psicológica individualistas e o liberalismo. O liberalismo expressa a particularidade de um caráter: o individualista nega o Estado pois não o entende; e o individualismo leva à anarquia política e ao niilismo ético. Kelsen traçava, inclusive, um paralelo entre a filosofia de Nietzsche – filósofo do apolítico século XIX – e o liberalismo: a ideia do super-homem está relacionada com a negação do Estado, a moral nietzscheniana dos senhores e o ideal político-econômico do liberalismo são o produto do mesmo direito do mais forte sobre o mais débil. Em contrapartida, para Kelsen, o sentido de autoridade só pertence a uma forma de consideração especificamente normativa. A educação política, que o individualismo liberal e seu naturalismo científico são incapazes de promover, deve despertar o querer consciente do Estado (*der bewusste Wille zum Staate*), não somente o amor pelo Estado.[17] Já então o jurista austríaco

---

16 KELSEN, H. "Politische Weltanschauung und Erziehung" (1913), reproduzido em KELSEN, H.; MERKL, A. e VERDROSS, A. *Die Wiener rechtstheoretische Schule. Ausgewählte Schriften*, Viena, 1968, p. 1506.

17 KELSEN, H. "Politische Weltanschauung und Erziehung", *op. cit.*, p. 1512.

A política dos juristas

assinala também que pretender que o Estado seja o representante do interesse geral, quando apenas é a organização de uma classe dominante, é uma ficção política.[18]

Em um plano mais político, Kelsen distinguirá o conceito de "democracia" dos de "liberalismo" e de "capitalismo", assim como também fará com aqueles de "liberdade política", por um lado, e "liberdade econômica", pelo outro. Neste sentido, assinala em um escrito de 1955 que a "democracia liberal" só é um tipo de democracia, para sublinhar logo que o princípio da democracia e o princípio do liberalismo não se identificam, existindo, inclusive, certo antagonismo, já que o liberalismo implica na limitação do poder para qualquer forma de governo e, portanto, "também a limitação dos poderes democráticos". Inclusive, a respeito do ideal de paz – aquele que busca realizar a democracia nos fatos segundo Kelsen –, o jurista austríaco perguntava-se na segunda edição da *Reine Rechtslehre* se a "filosofia vital" do liberalismo, que atribui à concorrência, à luta concorrencial, o papel central de garantia para alcançar o melhor estado possível da sociedade, era compatível com ele.

Mas suas críticas ao liberalismo tornam-se ainda mais claras quando trata do problema do Estado. Para Kelsen, o

---

18 KELSEN, H. "Politische Weltanschauung und Erziehung", *op. cit.*, p. 1515. Se bem que, cronologicamente, trata-se de um texto "de juventude", encontramos, no entanto, temas habituais que KELSEN desenvolverá ao longo de sua obra política; ele próprio também fará referência a este ensaio pelo menos até 1929.

liberalismo, que se desenvolve sob a monarquia absoluta, declara o Estado como um mal, e a essência de sua doutrina poderia ser resumida em "declarações dos direitos do homem contra o Estado". Segundo o jurista austríaco, se o liberalismo tolera o Estado, isto se deve porque a burguesia vê nele um instrumento eficaz para a defesa da propriedade privada. Contra a ideia de que o Estado seria o representante do interesse geral, escreve:

> se o liberalismo não nega completamente o Estado, mas o tolera, isto se deve ao fato de que segue reconhecendo nele uma defesa de sua sagrada propriedade privada, ao fato de que a classe, cuja expressão intelectual é o liberalismo, encontra no Estado sua vantagem, não certamente do ponto de vista econômico, mas sim do ponto de vista político.

Kelsen assinala em particular que o Estado era, para Adam Smith, um "aparato para a opressão do proletariado" sem direitos econômicos.[19]

Neste sentido, a teoria liberal aproxima-se da teoria anarquista, inclusive com a primeira tendo um critério mais realista no que se refere à natureza humana, que a faz considerar o Estado como um mal necessário, cuja ação deve ser reduzida ao mínimo: "defesa da segurança externa, proteção da vida e da propriedade dos membros do Estado no interior; mas nada

---

19 KELSEN, H. "Marx oder Lassalle" (1924), reproduzido em *Demokratie und Sozialismus. Ausgewählte Aufsätze*, Viena, 1967, p. 138 e ss.

A política dos juristas

de fomentar o bem-estar dos cidadãos e, especialmente, nada de intervenção estatal na vida econômica".[20] Na crítica à teoria política do marxismo que desenvolve nos anos 1920, Kelsen estima que Marx e Engels haviam herdado dita concepção liberal do Estado, tão própria do século XIX. Portanto, a teoria política do marxismo reduziria o Estado a um instrumento da classe econômica dominante, ficando prisioneira do dualismo "liberal-burguês", e isto se expressaria, sobretudo, no ideal de uma sociedade apolítica, sem Estado, que, segundo Kelsen, é apenas uma utopia anarquista, em contradição com a teoria econômica da socialização dos meios de produção. Sem adentrarmos na pertinência da leitura kelseniana, sua crítica da teoria marxista do Estado por ser liberal e seu elogio de Ferdinand Lassalle como o autêntico teórico socialista do político permitem uma aproximação entre Kelsen e Heller, ainda que este último tenha reeditado Lassalle e polemizado com o ensaio de Max Adler contra Kelsen,[21] sem citá-lo nem uma única vez...

Em todo caso, este primeiro conjunto de proposições críticas colocam Kelsen muito longe da concepção de Estado do liberalismo, segundo a qual, para Carl Schmitt, "o Estado aparece como o servidor, rigorosamente controlado, da

---

20 KELSEN, H. *Allgemeine Staatslehre*, Berlim, 1925, p. 31.

21 ADLER, M. *Die Staatsauffassung des Marxismus*, Viena, 1922, destinado a responder as análises de KELSEN em *Sozialismus und Staat*.

sociedade".[22] Mais longe ainda ao sabermos que Kelsen define como "estatismo ou politismo (*Politismus*)" a direção daquelas teorias políticas que afirmam, como a sua, o Estado como fundamentalmente uma ordem coativa.

Diante dos ataques de que era objeto sua teoria, em finais dos anos 1920, nosso autor afirmava que "ninguém como eu esclareceu até que ponto o conceito de Estado de direito do liberalismo é a absolutização de uma posição unilateral". Embora considerasse que só com a *reine Rechtslehre* o pensamento jurídico se emanciparia de toda ideia moral e iria até as últimas consequências do positivismo e da filosofia transcendental, Kelsen mostrava-se disposto a admitir que sua teoria poderia ser inscrita na tradição jurídica que se consolida com a vitória política da burguesia liberal no século XIX e se afirmava por meio do conceito de norma ou *Sollen*, como uma relação explícita contra a metafísica e o direito natural. Entretanto, para Kelsen, a teoria burguesa, negando-se a admitir que uma ordem jurídica não capitalista – em especial o sistema jurídico soviético, que se desenvolve a partir de 1917 – pudesse ser considerada como direito, regressa, no sentido pleno da palavra, a uma concepção do direito natural e a uma metafísica kantiana.[23] Desta forma, se a teoria kelseniana ins-

---

22 SCHMITT, C. *Teoría de la Constitución, op. cit.*, p. 137.

23 KELSEN, H. "Allgemeine Rechtslehre im Lichte materialistischer Geschichtsauffassung" (1931), reproduzido em *Demokratie und Sozialismus, op. cit.*, p. 79-81.

creve-se nesta evolução, é para suprimi-la depois, numa espécie de *Aufhebung*.

No entanto, apresentando este conjunto de análises críticas de Kelsen não esgotamos o tema do capítulo que nos ocupa, já que estas podem ser consideradas como as críticas de um "neoliberal" a uma forma superada de liberalismo, como já o fizera o grande jurista soviético Evgeny Pasukanis, já em finais dos anos 1920. Convém, então, examinar as proposições da Teoria Pura à luz de alguns aspectos teórico-políticos constitutivos da doutrina liberal.

II

Antes de arriscar uma definição formal para tratar deste ponto, é preferível identificar um conjunto de caracteres que conformam o liberalismo como doutrina política. Eles seriam os seguintes:

1) A liberdade como ponto de partida teórico, sendo o individualismo como seu pressuposto.

2) A limitação da esfera de intervenção do Estado – uma "teoria negativa do Estado" (Laski).

3) O parlamentarismo, mesmo formado por sufrágio censitário, como melhor garantidor político da liberdade.

4) A crença em uma harmonia de interesses, cuja importância varia de acordo com as diversas tradições.

5) Os vínculos consubstanciais com a economia de mercado, regida pela propriedade privada.

Liberdade e Individualismo

É neste ponto, talvez, que o pensamento de Kelsen se aproxime mais do liberalismo, ainda que defina a liberdade como "o centro eterno e fundamental de toda especulação política".

Para Kelsen, a liberdade é a "essência" da ideia de democracia. Mas, segundo ele, trata-se de uma liberdade natural, pré-social: em seu sentido negativo originário, o homem é livre somente fora do Estado e da sociedade. Mas, para nosso jurista, esta concepção, comum às teorias do direito natural do século XVIII, levaria à anarquia. O conceito de liberdade deve se transformar em liberdade social ou autonomia política ("liberdade civil", no léxico de Rousseau[24]), para deixar de ser, deste modo, uma liberdade "negativa", que é a ideia de liberdade do liberalismo. Com esta transformação, que segue meandros puramente idealistas sobre os quais não podemos nos deter aqui, "o lugar da liberdade do indivíduo é ocupado pela soberania do povo, ou, em outros termos, o Estado livre

---

24 Se seguirmos a rica "contra-história do liberalismo" de D. LOSURDO (cf. HERRERA, C. M. "L'œuvre de Domenico Losurdo", *Actuel Marx*, 1995), encontraremos outro ponto fundamental sobre o qual KELSEN escapa claramente à *tradizione liberale*; para ele ROUSSEAU é o teórico "mais considerável da democracia". Quando KELSEN critica o autor do *Contrat Social*, é para censurá-lo por querer salvar "a ilusão da liberdade individual", em contradição, às vezes, com a ideia de vontade geral que, para KELSEN, é um termo antropológico que serve para designar outra ordem estatal objetiva, válida independentemente da "vontade de todos". E talvez haja outra diferença com ROUSSEAU: a antropologia pessimista que caracteriza a *Weltanschauung* kelseniana.

A política dos juristas

(*freie Staat*) é aquele cuja forma é a democracia, porque a vontade estatal ou ordem jurídica é produzida pelos mesmos que a ela estão submetidos".[25] Esta transformação marca, para Kelsen, a separação entre democracia do liberalismo.[26]

Kelsen moderará seu particular "rousseanismo" depois da experiência do totalitarismo fascista. Na *General Theory of Law and State*, publicada em 1945, Kelsen escreve que a democracia coincide com o "liberalismo político" (ainda que não necessariamente com o liberalismo econômico), na medida em que a opinião pública, essencial para a democracia, exige as liberdades intelectuais (de imprensa, de religião, de palavra). No mesmo período, Kelsen sustenta que a democracia moderna também não pode se separar do liberalismo político no que se refere à proteção das minorias, à restrição do poder do governo ou à liberdade da ciência.[27] Se não se confundem, o conceito de democracia sofreu a influência do liberalismo político e "sua tendência a reduzir o poder do governo por trás do interesse da liberdade dos indivíduos", por meio da introdução das garantias de liberdade intelectual.

---

25 KELSEN, H. *Allgemeine Staatslehre, op. cit.*, p. 326.

26 KELSEN, H. *Vom Wesen und Wert der Demokratie* (1920), 2ª ed., Tubingen, 1929, p. 10.

27 KELSEN, H. "Foundations of Democracy". *Ethics*, 1955, p. 27 e ss. Em um ensaio publicado na época do fascismo, KELSEN já escrevera que a liberdade política e pessoal protege o indivíduo contra os atos arbitrários dos órgãos do Estado e, inclusive, dos partidos. KELSEN, H. "La Dictature du Parti", *Annuaire de l'Institut International de Droit Public*, 1935, p. 28.

Entretanto, outras ideias do jurista austríaco tornam estas afirmações mais complexas: no mesmo texto ele sustenta, com efeito, que esta liberdade é também possível em um sistema econômico socialista; a nacionalização dos meios de produção não exclui a existência de instituições que garantam a liberdade intelectual.[28] Neste sentido, Kelsen já defendera a ideia segundo a qual o princípio vital da democracia não era a liberdade econômica mas a liberdade intelectual (*geistige Freiheit*), que podia existir tanto em uma democracia liberal como em uma democracia socialista. De fato, para Kelsen, o princípio da liberdade econômica do liberalismo não deve se incluir na definição da democracia, apenas a liberdade intelectual é essencial em sua concepção.

Pelo contrário, a Teoria Pura, segundo seu próprio autor, elimina da teoria do direito "a liberdade ou a autonomia da pessoa física, a forma jurídica do dogma ético da livre vontade" que o jurista austríaco considera como uma ilusão. Já em seus primeiros escritos sobre a democracia, Kelsen escrevia que "a democracia – sempre que o poder do Estado seja exclusivamente determinado pelos indivíduos sujeitos a ele – é compatível ainda com o maior predomínio do poder do Estado sobre o indivíduo e inclusive com o total aniquilamento da 'liberdade' individual e com a negação do ideal do liberalismo". É por isso que Friedrich Hayek acusa Kelsen de operar uma redução da "liberdade individual" à "independência

---

28 KELSEN, H. "Foundations of Democracy", *op. cit.*, p. 83-84.

A política dos juristas

coletiva da comunidade, ou seja, à democracia", e, nesta concepção, a liberdade "converte-se numa noção 'irremediavelmente condenada'".[29]

No entanto, não é menos certo que o ponto de partida de Kelsen é o indivíduo: podemos considerá-lo, assim, como um partidário do individualismo metodológico? Este individualismo deve ser entendido a partir de seu funcionalismo epistemológico – e de sua crítica radical aos conceitos que interpretam como coisas estáveis relações que são determináveis apenas pelo conhecimento. É aqui que residia, para Kelsen, o grande mérito da teoria freudiana, que havia "aportado um trabalho preparatório inestimável dissolvendo da maneira mais eficaz em seus elementos psicológico-individuais as hipóstases revestidas de toda a magia das antigas palavras: Deus, a sociedade e o Estado". Assim, nas análises kelsenianas, a psicologia humana antepõe-se às estruturas histórico-sociais. Em todo caso, estamos longe do individualismo de eleições racionais, pelo contrário, para o jurista austríaco "a natureza do homem é, no fundo, irracional e ilógica". Por outro lado, seu individualismo pode ser matizado na medida em que não existe, para ele, indivíduo (nem sociedade) fora do Estado. Neste sentido, assinala que "o indivíduo em conflito permanente com a comunidade não passa de uma ideologia na luta de interesses determinados contra sua limitação através de uma ordem coletiva". Impugnando justamente os argumentos de Hayek,

---

29 HAYEK, F. *Law, Legislation and Liberty* (1976), vol. 2ª reimpr., 1993, p. 53.

Carlos Miguel Herrera

que qualifica de "inadmissíveis", Kelsen escreverá que o individualismo não se opõe ao coletivismo, já que este existe em graus diferentes na realidade social, começando pelo Estado, sem por isso identificar-se com o totalitarismo.[30]

Mas, dando inclusive por assentado o ponto de partida individualista da epistemologia política de Kelsen, é interessante notar que em certas ocasiões este faz do conceito de "classe" a categoria central de sua análise. É assim que o jurista austríaco critica a noção de *totaler Staat* em Schmitt, pois, na medida em que dito "Estado total" segue sendo "um Estado que garante a propriedade privada dos meios de produção", só pode ser "uma ideologia burguesa" que quer ocultar a violenta contradição que se expressa na luta entre uma classe fora do Estado, o proletariado, contra outra, a burguesia, que é o Estado, pois esta ordem garante os seus interesses.[31] Ainda assim, sua análise dos Estados fascistas está também construída em termos de classe: em particular, sustentava que o fascismo representava uma ditadura da burguesia, cuja base era a supressão do socialismo e das exigências do proletariado. Neste

---

30 KELSEN, H. "Foundations of Democracy", *op. cit.*, p. 81. Fica pendente outra questão: os vínculos entre esta corrente epistemológica e o liberalismo são inteligíveis? A passagem da epistemologia (individualista) à política (liberal) não parece ser uma conexão obrigatória, como prova a existência de uma corrente que reivindica o individualismo metodológico no seio do marxismo.

31 KELSEN, H. "Wer soll der Huter der Verfassung sein?" (1931), reproduzido em KELSEN, H.; MERKL, A. e VERDROSS, A. *Die Wiener rechtstheoretische Schule, op. cit*, p. 1900 e ss.

sentido, os "chamados à unidade" do povo nas teorias e práticas destes Estados expressam para Kelsen "esta vontade de superar, de ignorar ou de negar as oposições de classe – que não são menos reais e ativas ".

Limitação do Estado

Para Schmitt, a limitação (ou negação) do Estado por meio da liberdade individual era a pedra angular do liberalismo. Poderíamos pensar, talvez, que Kelsen inscreve-se nesta concepção quando, justamente em sua polêmica com Schmitt, começa com a afirmação do princípio liberal segundo o qual "a função política da constituição é a de colocar limites jurídicos ao exercício do poder",[32] ou ainda quando considera, alguns anos mais tarde, que a democracia é o governo que garante a maior liberdade individual possível.[33]

Mas um estudo das principais proposições kelsenianas nos mostra que as coisas são muito mais complexas. Abordaremos esta problemática distinguindo três aspectos que se apresentam amiúde como constitutivos da limitação da esfera estatal na tradição jurídico-liberal. Primeiro, a afirmação da existência dos direitos subjetivos, anteriores ao Estado como expressão da liberdade individual ilimitada. Em segundo lugar, a teoria da separação de poderes como princípio liberal contra a

---

32 KELSEN, H. "Wer soll der Huter der Verfassung sein?", *op. cit.*, p. 1874.

33 KELSEN, H. "Foundations of Democracy". *op. cit.*, p. 32.

concentração do poder. Finalmente, a doutrina do Estado de direito, ponto de chegada de algum maneira desta concepção negativa que entende limitar o Estado por meio do direito.

Uma das noções tida por central para uma teoria que busca limitar o poder estatal por meio do direito é aquela dos direitos subjetivos anteriores ao Estado. Mas, para Kelsen, o direito subjetivo é apenas uma norma de direito objetivo com um conteúdo individual; este "poder conferido ao indivíduo" existe se foi prescrito pelo Estado, não antes. Tal como entende a teoria tradicional, trata-se de uma noção fictícia e de caráter ideológico: seu fim é impor limites ao conteúdo da ordem jurídica, em particular, uma ordem que não reconhece o direito subjetivo de propriedade não poderia ser considerada como uma verdadeira ordem jurídica.[34] Este tipo de dualismo "objetivo/subjetivo", próprio da "filosofia social individualista burguesa, é de ordem ideológica: seu objetivo é impor limites ao conteúdo da ordem jurídica". Para a teoria kelseniana, pelo contrário, não há nenhuma esfera "não política", menos ainda a do direito privado. A ideia de que existiria um limite absoluto ao Estado na liberdade inata e inviolável do indivíduo é apenas um postulado de direito natural: "nem sequer desde um ponto de vista puramente técnico é possível reconhecer limites absolutos ou, como se diz correntemente, limites 'naturais' do poder do

---

34 KELSEN, H. *Reine Rechtslehre* (1960, 2ª ed.), p. 175-176.

A política dos juristas

Estado (*Staatsgewalt*)".[35] Segundo Kelsen, a técnica dos direitos subjetivos é própria dos sistemas jurídicos capitalistas, pois está forjada sobre o direito de propriedade privada. Em particular, apresenta-se como uma barreira contra uma abolição da propriedade por uma mudança da ordem jurídica e para impedir a expropriação sem indenização, argumentando que dita reforma seria contrária à natureza do direito.[36]

A acusação de Carl Schmitt, em sua polêmica sobre o "guardião da constituição", no sentido de que a introdução de um tribunal para a proteção da constituição implicaria na introdução de direitos subjetivos "contra" o Estado, é ainda mais errônea quando se trata da concepção kelseniana. O jurista austríaco fala em efeito da garantia da constituição como "elemento do sistema de medidas técnicas que tem por finalidade assegurar o exercício regular das funções estatais", sem tomar a proteção de direitos fundamentais. De fato, no sistema que ele havia concebido na Constituição austríaca de 1920, os particulares não estavam legitimados para interpor um recurso constitucional.

Kelsen será também um crítico da teoria de separação de poderes, concebida como uma balança destinada a impedir os abusos do poder, que julga como um dogma não democrático. Inclusive, se o princípio pode operar às vezes em um sentido democrático (impedindo a concentração do poder, e

---

35 KELSEN, H. *Allgemeine Staatslehre, op. cit.*, p. 41.

36 KELSEN, H. *The Communist Theory of Law* (1955), Londres, p. 98.

Carlos Miguel Herrera

reservando a criação da lei à pluralidade dos sujeitos), não se pode justificá-lo por razões democráticas. Se uma constituição democrática estabelece tal divisão, isto se deve a razões históricas.[37] De fato, não há separação possível sem uma dicotomia, relativa entre criação e aplicação do direito. Este princípio, entendido e interpretado como separação de poderes, não é, segundo Kelsen, essencialmente democrático, pois o princípio democrático supõe, ao contrário da separação, a concentração do poder no povo. Ao contrário, em Montesquieu, esta adquire o caráter de um dogma que busca conservar ao menos uma parte da função legislativa do monarca, por intermédio da execução, impedindo que o órgão de origem popular estabeleça sua supremacia.

Por último, é sobretudo em relação ao conceito de "Estado de direito" que a concepção kelseniana encontra-se nos antípodas da ideia de limitação do Estado. Se o conceito de "Estado de direito" for interpretado no sentido de um limite que o direito impõe ao Estado, Kelsen denuncia ali um dualismo ideológico próprio da teoria tradicional, que serviria para legitimar um Estado em função de um "direito" superior ou para restringir o conteúdo da ordem estatal, e não reconhecer, consequentemente, como "direito" as ordens estatais que não têm um conteúdo determinado, em particular liberal-capitalista. Para Kelsen, a teoria da autolimitação do Estado, que sustenta que o Estado deve se submeter ao direito

---

37 KELSEN, H., *General Theory of Law and State*, Cambridge, 1945, p. 282.

A política dos juristas

que criou, não pode escapar de suas contradições lógico-sistemáticas. O Estado é uma espécie de rei Midas, que converte em direito tudo o que toca; para a Teoria Pura "todo direito é direito do Estado pois todo Estado é um Estado de direito", inclusive um Estado policial. Para Kelsen, com efeito, "o ilimitado poder do autocrata para conceder exceções às normas gerais, a arbitrariedade do governo autocrático (…) não é razão suficiente para negar o caráter jurídico de um ordenamento social que, politicamente, tenha o caráter autocrático", uma visão que estremecerá o próprio Léo Strauss, que não se caracterizaria por seu liberalismo. Inclusive na 2ª edição de seu *Reine Rechtslehre*, Kelsen qualificará a expressão *Rechtsstaat* de mero pleonasmo. A dissolução deste dualismo metodológico implicava também na destruição da ideologia burguesa mais eficaz, o que explicava, segundo Kelsen, a violenta resistência que a teoria jurídica burguesa opunha à Teoria Pura.

Esta concepção é muito distinta da de Carl Schmitt, que afirmava que a noção de lei devia ter "certas qualidades" em relação aos princípios do Estado de direito e da liberdade burguesa: "se lei é tudo o que manda determinado homem ou assembleia, sem distinção, uma monarquia absoluta será também um Estado de direito; pois nela impera a 'lei', neste caso, correspondente à vontade do rei".[38] Não é casual que este entendimento conte mais tarde com a aprovação

---

38 SCHMITT, C. *Teoría de la Constitución*, *op. cit.*, p. 149.

explícita de Hayek, para quem a lei foi sempre considerada como "inseparável da propriedade privada" e, ao mesmo tempo, como "a condição indispensável da liberdade individual". Segundo o pensador liberal, a teoria kelseniana, em troca, "dá a qualquer ordem a dignidade de uma ordem de direito", e considera como lei "toda 'técnica social' que emprega a força". Estas noções deveriam ser reservadas, sempre segundo Hayek, a uma ordem apreciada pela liberdade individual que procura, o que implica certa restrição ao emprego da força.[39] Mas não só os neoliberais criticavam Kelsen neste ponto; um "solidarista" como Léon Duguit poderia escrever que "se identifica-se o Estado ao direito, como o faz Kelsen, resulta bastante difícil estabelecer uma limitação do Estado pelo direito".[40]

---

39 HAYEK, F. *Law, Legislation and Liberty, op. cit.*, vol. 2, p. 53. KELSEN havia criticado a suposta conexão entre *Rule of Law* e o capitalismo, julgada indispensável por HAYEK em *The Road to Serfdom*.

40 DUGUIT, L. *Traité de Droit Constitutionnel* (1928), 3ª ed, T. I, Paris, p. 64 e ss. Para KELSEN, a teoria de DUGUIT buscava proteger a propriedade privada caracterizando-a como função social. KELSEN, H. "Allgemeine Rechtslehre im Lichte materialistischer Geschichtsauffasung", *op. cit.*, p. 113. Sobre a relação DUGUIT-KELSEN, ver HERRERA, C. M., "Duguit et Kelsen: La Théorie Juridique, de l'Épistémologie au Politique". In: BEAUD, O.; WACHSMANN, P. (orgs.), *La Science Juridique Française et la Science Juridique Allemande de 1870 à 1918*, Estrasburgo, 1997.

A política dos juristas

Parlamentarismo

Para Schmitt, existia um laço genético entre "mercado" e "parlamentarismo", ainda que o parlamentarismo seja, talvez, menos essencial ao liberalismo do que parece pensar o jurista alemão, sempre muito apegado a uma visão oitocentista. Este vínculo é, segundo o autor da *Teologia Política*, o produto de uma idêntica metafísica (liberal) da discussão considerada como intercâmbio (de bens ou de opiniões, no caso do parlamento). Em suas observações sobre a situação histórico-intelectual do parlamentarismo, Schmitt escreve, citando uma crítica de Gentz, que, para o liberalismo, as leis provêm sempre de uma luta de opiniões, e não de interesses.[41] Todavia, em um de seus trabalhos, Kelsen assinalará que o paralelo schmittiano entre troca de mercadorias e de opiniões seria, talvez, correto, se fosse precisado que o sentido consistiria em realizar uma transação (econômica) ou um compromisso (político). Uma análise mais precisa permite sustentar que o autor da *Teoria Pura do Direito* defende antes de tudo o parlamentarismo como princípio técnico. Neste sentido, Kelsen admite que este sistema é uma limitação da democracia, mas o considera necessário e única forma real pela qual o ideal democrático pode se realizar diante da impossibilidade material da democracia direta. Trata-se de um compromisso entre

---

41 SCHMITT, C. *Die geistesgeschichtliche Lage des heutigen Parlamentarismus* (1923), 2ª ed., Munchen, 1926, p. 9 e 45-46.

autodeterminação política e divisão técnica do trabalho, no qual a liberdade mistura-se com elementos estranhos: o princípio da maioria, a formação indireta da vontade, a divisão diferencial do trabalho.

Em particular, contra certa tradição liberal-democrática, Kelsen considera que a legitimação do parlamento por meio da soberania popular cumpre o papel de "uma máscara totêmica". O dogma da representação popular só é uma ficção que é usada para fundar sua essência na liberdade, querendo mascarar a limitação que significa para o povo o não exercício direto de sua vontade. O parlamento, ainda que tenha sido eleito pelo povo, não o representa: é um órgão do Estado. Por outro lado, o jurista austríaco propõe uma série de reformas destinadas a reforçar o elemento democrático dos parlamentos: o referendo, a iniciativa popular, a revogação de mandato, a responsabilidade dos deputados, a possibilidade de fazer fracionar, no seio de cada grupo parlamentar, indivíduos diferentes segundo o tema debatido, o que equivaleria a dissociar o mandato do indivíduo, em favor dos partidos políticos.

Contra a crítica schmittiana, Kelsen rechaça que a "harmonia pré-estabelecida", ou seja, um princípio metafísico, seja o fundamento do parlamentarismo. Sua justificação, "enquanto meio específico de caráter técnico-social para a produção da ordem social".[42] faz com que ele ainda reconheça a qualidade

---

42 KELSEN, H. "Das Problem des Parlamentarismus" (1925), reproduzido em KELSEN, H., MERKL, A. e VERDROSS, A. *Die Wiener rechtstheoretische*

A política dos juristas

do parlamento frente os sovietes dos bolcheviques. Desde um ponto de vista teórico, Lênin rechaça o sistema representativo, que considerava como "burguês".[43] Sustentada na Alemanha dos anos 1920, onde a experiência conselhista estava longe de ser uma abstração, esta posição não parece ter um significado político liberal. Deve-se destacar, sobretudo, que Kelsen une-se aos teóricos do socialismo reformista na crença de que o parlamento abre ao proletariado o caminho ao poder.[44] Com efeito, o parlamentarismo, enquanto forma política desenvolvida durante os séculos XVIII e XIX, permitira a emancipação da burguesia através da supressão dos privilégios da aristocracia, e de maneira mais contemporânea, o reconhecimento da igualdade política do proletariado, "que teve por consequência o começo da emancipação econômica em relação à toda classe capitalista".[45] É por isso que Kelsen interpreta os ataques antiparlamentares desses mesmos anos 1920 como expressão da reação da burguesia com o único fim de impedir a chegada ao poder do proletariado. O ataque à democracia parlamentar por parte dos fascistas explica-se na medida em que "coloca em perigo a dominação da burguesia pelo fato de dar às massas certo poder de ação". De igual modo, escreve Kelsen, em resposta às teses schmittianas, o parlamento

---

Schule, op. cit., p. 1666.

43 KELSEN, H. Vom Wesen und Wert der Demokratie, op. cit, p. 16.

44 Sobre este ponto, HERRERA, C. M. "Kelsen y el Socialismo Reformista", Revista de Estudios Políticos, 96, 1997.

45 KELSEN, H. Vom Wesen und Wert der Demokratie, op. cit, p. 26.

Carlos Miguel Herrera

permite "trazer à luz a situação efetiva de interesses", aparecendo como a melhor expressão de uma sociedade essencialmente dividida em duas classes. Se, para Kelsen, a democracia moderna é um Estado de partidos, estes últimos traduzem o fato, "ainda mais importante, do conflito de classes".[46]

Ao contrário, Schmitt considerava – como já vimos no capítulo anterior – que o parlamento não servia para integrar no Estado (capitalista) a classe operária, sem educação e sem propriedade. Querer reproduzir o mesmo tipo de processo de integração da burguesia ao Estado monárquico, e desconhecer, portanto, a especificidade do proletariado organizado politicamente, era o erro de apreciação dos pais da Constituição de Weimar, que já recordamos no primeiro capítulo. Mas inclusive muito depois, Hayek sustentava que era possível que um governo democrático fosse totalitário e que um governo totalitário se deixasse guiar por princípios liberais,[47] Na verdade, já o próprio Kelsen chamara a atenção sobre o fato de que a oposição entre teoria liberal e conservadora ia sumindo na medida em que a burguesia convertia-se na classe dominante e entrava em contradição com o proletariado.

---

46 KELSEN, H. "Wer soll der Huter der Verfassung sein?", *op. cit.*, p. 1909.

47 HAYEK, F. *The Constitution of Liberty* (1958), trad. fr. Paris, 1994, p. 101; HAYEK, F. "The Principles of a Liberal Social Order" (1966), em *Studies in Philosophy, Politics and Economics*, Chicago, 1967, p. 161.

A política dos juristas

Harmonia de Interesses

Segundo Hayek, a sociedade adquiriu, depois de uma longa evolução, a capacidade de se autorregular de maneira harmônica; o liberalismo, como doutrina, deriva da descoberta dessa ordem espontânea.[48] E, assim, se poderia afirmar que o interesse geral pode ser reduzido ao livre jogo dos interesses individuais. Kelsen anotava, também, que, para o liberalismo, a vida econômica e a cultura espiritual prosperam quando são abandonadas ao livre jogo das forças sociais.[49] Contudo, não existia, para o jurista austríaco, harmonia natural de interesses, e não há, tampouco, forma alguma de unidade de interesses *a priori*. Em particular, e já desde os *Hauptprobleme*, a noção de "interesse geral" era, para o jurista austríaco, "falsa e perigosa: só existe um grupo de governantes que apresenta os seus interesses particulares como interesse geral". Diante de outro de seus críticos conservadores do período weimariano, Rudolf Smend, Kelsen sustentava que não podemos conceber a unidade do Estado mais do que como um sistema de normas, não como uma *Lebenswirklichkeit*.[50] Para Kelsen, inclusive o chamado "interesse coletivo" seria uma ficção cada vez

---

48 HAYEK, F. "The Principles of a Liberal Social Order", *op. cit.*, p. 162.

49 KELSEN, H. *Allgemeine Staatslehre, op. cit.*, p. 31.

50 KELSEN, H. *Der Staat als Integration* (1930), reimpr. Aalen, 1971, p. 22 e 33. Sobre o caráter político desse tipo de crítica ao liberalismo, o ensaio de MARCUSE "La Lutte contre le Liberalisme dans la Conception Totalitaire d'État" (1934), trad. fr., *Culture et Société*, Paris, 1968, guarda ainda seu interesse.

Carlos Miguel Herrera

que fosse entendido como algo mais do que um compromisso entre interesses opostos ou uma decisão em favor de um deles. O compromisso kelseniano implica sempre na solução de um conflito por meio de uma norma.[51]

É por isso que a temática do "compromisso" – central na concepção kelseniana da democracia – não deve ser confundida com a crença na harmonia social. O compromisso aparece, ao contrário, como a expressão das relações de força dos grupos sociais, a resultante dos interesses das forças sociais opostas. E, nesse sentido, só podem ser estabelecidos compromissos "duráveis e sempre renováveis", o que não significa a conquista de uma verdade mais elevada, com valor absoluto superior aos interesses dos grupos.[52]

Inclusive, se Kelsen afirma, às vezes, que "democracia é discussão", a temática kelseniana não é também aquela do "compromisso metafísico" dilatório do liberalismo tal como o criticava Schmitt, que o definia como "a negociação, os termos médios dilatórios, com a esperança de que a confrontação definitiva, o combate sangrento que levará à decisão (*blutige Entscheidungsschlacht*), possa transformar-se em um debate parlamentar e seja eternamente suspenso graças a uma eterna discussão".[53] Para Kelsen, ao contrário,

---

51 KELSEN, H. *General Theory of Law and State, op. cit.* p. 288.

52 KELSEN, H. *Vom Wesen und Wert der Demokratie, op. cit.* p. 58.

53 SCHMITT, C. *Politische Theologie, op. cit.,* p. 54.

A política dos juristas

não existem mais que interesses humanos e, portanto, conflitos de interesses. A solução destes últimos pode ser encontrada satisfazendo um interesse em detrimento de outro, ou mediante um compromisso entre os interesses em conflito. Não é possível provar que uma ou outra solução seja justa.[54]

Por certo, esta concepção será atacada por um liberal como Hayek, já que não leva em consideração os ideais superiores como a justiça ou a verdade. Para o Prêmio Nobel de Economia, a concepção de Kelsen poderia aparecer como "o principal apoio ideológico dos poderes ilimitados de uma democracia".[55] Com efeito, a temática do compromisso em Kelsen inscrevia-se mais na estratégia social-democrata: o compromisso no marco do Estado democrático-parlamentar apresenta-se como uma via para resolver o conflito de classes por meio de uma reforma pacífica e gradual (e como alternativa a uma mudança violenta e revolucionária das estruturas). O que se encontra longe de uma busca da "verdade razoável e da norma justa" por meio de uma discussão pública, como acreditava, erroneamente, Schmitt, ao menos no que diz respeito a Kelsen e à social-democracia.[56]

---

54 KELSEN, H. "What is Justice?" (1953), em *What is Justice? Justice, Law, and Politics in the Mirror of Science*, Berkeley/Los Angeles, 1971, p. 21-22.

55 HAYEK, F. *Law, Legislation and Liberty, op. cit.*, vol. 2, p. 63.

56 SCHMITT, C. *Teoría de la Constitución, op. cit.*, p. 303.

Carlos Miguel Herrera

Propriedade privada

Segundo Ludwig von Mises, "o capitalismo, ou seja, a propriedade privada dos meios de produção, constitui o único sistema de cooperação humana viável".[57] Não muito distante desta concepção, Hayek sustenta que a propriedade privada dos meios de produção é a melhor garantia da liberdade, ou, como afirmará mais tarde, "direito, liberdade e propriedade foram uma trindade inseparável". Kelsen observava também que a propriedade privada e a liberdade contratual eram as bases do liberalismo do século XIX e o Estado só deveria intervir para protegê-las. Segundo o jurista austríaco, se a ação do Estado no capitalismo atual havia aumentado, a liberdade econômica seguia sendo, na tradição liberal, um elemento constitutivo da definição de democracia.

Ao contrário, em sua própria concepção, a liberdade econômica não é essencial para a democracia, só contam, como já vimos, a liberdade como autodeterminação política e a liberdade intelectual.

Para Kelsen, a democracia é um sistema político que não está necessariamente ligado a um sistema econômico

---

57 MISES, L. *Liberalismus* (1927), trad. esp., Barcelona, 1994, p. 36. MISES sustenta, também que "a propriedade privada não precisa de defesa, justificação, apoio ou explicação. A propriedade é consubstancial à sobrevivência da sociedade, não têm outro remédio os humanos senão o de agarrar-se firmemente à instituição para evitarem prejudicar-se a si próprios e causar danos a todos os demais" (MISES, L. *Liberalismus, op. cit.*, p. 113-114).

A política dos juristas

definido. Se ela foi desenvolvida até agora por sistemas capitalistas, e se a experiência soviética não foi finalmente democrática, isso "não prova nada", e nada impede antever no futuro uma combinação entre democracia e coletivização.[58] Por certo, concede Kelsen, a coletivização dos meios de produção pode levar a uma limitação da liberdade intelectual do homem que as constituições dos sistemas capitalistas, por sua vez, proíbem; mas de fato, o capitalismo restringe também a liberdade do indivíduo, submetendo-o às leis econômicas. O mesmo ocorre com a tolerância (um dos principais valores da democracia na concepção kelseniana), que as democracias capitalistas abandonam quando a propriedade e a liberdade de empresa são ameaçadas (o jurista austríaco pensa aqui nos fascismos). Mesmo no período de sua produção que alguns comentadores qualificaram muito rapidamente de "maccarthysta", Kelsen não deixa de destacar que a exploração econômica do capitalismo é um fato que se deve admitir.[59]

Segundo Kelsen, para provar que existiria uma conexão essencial entre capitalismo e democracia, teria que ser mostrado que a propriedade e a liberdade estão inseparavelmente unidas. Na história da filosofia política, os dois trabalhos mais importantes desde este ponto de vista são aqueles de Locke e Hegel, que ele considera insuficientes, inclusive ideológicos.

---

58 KELSEN, H. *Foundations of Democracy, op. cit.*, p. 77 e 84.

59 KELSEN, H. *The Political Theory of Bolshevism. A Critical Analysis* (1948), Berkeley/Los Angeles, p. 47.

Segundo o jurista austríaco, a liberdade significa, para Locke, a propriedade do homem sobre si próprio, mas é o conceito de propriedade que inclui o de liberdade. Kelsen vê a prova disso no fato de que "a defesa da propriedade" é a finalidade primordial da "sociedade civil" e que ela é um direito mais absoluto que a própria vida. Para Hegel, sempre segundo Kelsen, a liberdade da pessoa humana deve ser transmitida a algo externo para que possa existir outra vez como Ideia, para deixar de ser abstrata; deste modo, personificaria a liberdade do homem. Mas quando o problema da igualdade da propriedade surge (porque se os homens são iguais e livres enquanto pessoas, e se a propriedade é a personificação da liberdade, então a propriedade deve ser igual enquanto fundamento da personalidade), esta não é mais a personificação da liberdade. Hegel distingue, então, entre propriedade (que não inclui mais a liberdade) e posse.[60] O jurista austríaco considera, assim, que as tentativas de provar dita conexão essencial entre liberdade e propriedade fracassaram.[61]

Em particular, o jurista austríaco sustenta que é um dogma político jusnaturalista da classe dominante, para conservar seu poder, considerar que o Estado deve respeitar os direitos adquiridos. Para Kelsen, estes direitos adquiridos podem ser

---

60 KELSEN, H. *Foundations of Democracy, op. cit.*, p. 86 e ss e p. 90 e ss. Não nos deteremos mais sobre a "leitura" kelseniana, mas ela é sintomática das críticas que KELSEN dirige às relações entre liberdade e propriedade privada que busca estabelecer o liberalismo.

61 *Idem, ibidem*, p. 94.

A política dos juristas

limitados ou suprimidos por normas jurídicas. E a indenização, em caso de expropriação, não se deduz da natureza do direito adquirido, mas de uma eventual norma jurídica positiva.[62]

Como podemos avaliar, na concepção de Kelsen, não é necessário que o Estado tome primeiro uma decisão no sentido da liberdade burguesa (liberdade pessoal, propriedade privada etc.), como Schmitt pensava a respeito das constituições do Estado burguês de direito, das quais considerava Kelsen como um de seus teóricos. Pelo contrário, em seu *Verfassungslehre*, Schmitt considera que a propriedade privada é um verdadeiro direito fundamental, que pré-existe à lei. Assim interpretada, não seria lícito delimitar legalmente o conteúdo da propriedade privada em sua discricionariedade de domínio.[63] E, em suas sucessivas reelaborações teórico-constitucionais daqueles anos, sobre os direitos fundamentais, encontramos sempre a salvaguarda do direito de propriedade contra os ataques do legislador e, em particular, da expropriação.[64]

Para compreender a relação, ao fim e ao cabo, complexa, de Schmitt com o liberalismo, é particularmente interessante recordar o texto de uma conferência de 1932, *Starker Staat und gesunde Wirtschaft*, em que, ainda defendendo a ideia

---

62 KELSEN, H. *Allgemeine Staatslehre, op. cit.*, p. 156.

63 SCHMITT, C. *Teoría de la Constitución, op. cit.*, p. 176-177.

64 Sobre este tema, ver BEAUD, O. *Les Derniers Jours de Weimar*, Paris, 1997, em particular, p. 94-95.

de um "Estado forte", aposta ao mesmo tempo em uma liberalização da economia alemã. Schmitt distingue, neste ensaio, duas significações do conceito de "Estado total": um Estado pode ser total de um ponto de vista qualitativo, isto é, um Estado forte no que se refere à intensidade e à energia política; mas o Estado pode ser também total em um sentido puramente quantitativo, quer dizer, em relação ao "mero volume ocupado", como podia ser o Estado social weimariano. Sem deixar de criticar as concepções do liberalismo decimonônico, o jurista alemão sustenta que só um Estado forte pode garantir a esfera da livre economia (baseada na iniciativa e na propriedade privadas).[65] Herman Heller podia, então, considerá-lo como representante de um liberalismo autoritário, cujo programa se resumia na "retirada do Estado 'autoritário' da política social, desnacionalização da economia e estatização (*Verstaatlichung*) ditatorial das funções político-intelectuais".[66]

Segundo Ludwig von Mises, a propriedade privada dos meios de produção é o elemento essencial do liberalismo, a tal ponto que "todos os demais postulados do liberalismo

---

65 SCHMITT, C. "Starker Staat und gesunde Wirtschaft", *Volk und Reich*, 1933, p. 84 e 90. Schmitt desenvolve, também, um conceito de "auto-administração econômica".

66 Cf. HELLER, Hermann "Autoritärer Liberalismus" (1932), agora em *Gesammelte Schriften*, II, p. 652-653.

A política dos juristas

são a consequência deste postulado fundamental".[67] Não teria nada de paradoxal, então, concluir que o "antiliberal" Schmitt está mais próximo da essência do liberalismo do que o "liberal" Kelsen.

III

Recordando algumas destas particularidades do pensamento kelseniano que acabamos de ver, certos autores propuseram novas "caracterizações" do liberalismo de Kelsen, anexando-lhe epítetos que buscam precisar melhor seus contornos. Deste modo, um dos primeiros a exumar os escritos políticos kelsenianos nos anos 1960, Norbert Leser, qualifica Kelsen de *Linksliberaler*. Estamos próximos desta definição, considerando-o como um "liberal-socialista".[68] Esta leitura apresenta, porém, um limite importante: sem ignorar os elementos críticos para a doutrina liberal que contém a concepção kelseniana, mantém-se como núcleo de sua teoria política o liberalismo, sem problematizar sua consistência, agregando, simplesmente, a ele, as vinculações e, sobretudo, a simpatia que expressara Kelsen pela social-demo-

---

67 VON MISES, L. *Liberalismus*, *op. cit.*, p. 37. Como recorda MARCUSE ("La Lutte contre le Liberalisme dans la Conception Totalitaire d'État", *op. cit.*), MISES escrevia, em 1926, que o fascismo havia salvado a cultura ocidental do bolchevismo.

68 Por outro lado, um dos principais representantes deste movimento, Norberto BOBBIO, foi muito influenciado – além da rica vertente propriamente italiana, que reúne ROSSELI, CALOGERO e, inclusive, GOBETTI, sem contar a distinção entre *liberalismo e liberismo* de CROCE – pela teoria política de KELSEN.

cracia austríaca. O pensamento político de Kelsen seria, então, liberal teoricamente e próximo à social-democracia a partir de um ponto de vista histórico.

Todavia, como esperamos ter podido mostrar na análise anterior, a correspondência da teoria política de Kelsen com um liberalismo *stricto sensu* nos resulta problemática. Certamente, pode-se descobrir uma tonalidade liberal em certas ideias do jurista austríaco, como seu racionalismo, seu relativismo ético ou seu individualismo. Mas estes temas, próximos da tradição liberal, não logram descrever rigorosamente seu pensamento sobre o liberalismo e, sobretudo, Kelsen não os utilizará para opor-se ao socialismo, mas aos regimes autocráticos.

Por certo, Schmitt falava da "social-liberal-democracia" e do "*Sozial-liberalismus*" da Segunda Internacional. Mas isto só denota a amplitude que o jurista alemão dava a este conceito. Uma amplitude que oculta, contudo, um componente primordial da concepção liberal: a propriedade privada dos meios de produção; é por isso que, como assinalaram, em seu momento, K. Korsch e, sobretudo, H. Marcuse, não se encontra uma crítica dos fundamentos econômicos e sociais do capitalismo em seus "virulentos" ataques ao liberalismo.

Na realidade, os tons mais liberais da teoria política de Kelsen ressaltam, com maior nitidez em conjunturas históricas bem precisas: na crise da República de Weimar, em que a distinção entre "liberalismo" e "democracia" de seus críticos não é sempre clara,

A política dos juristas

e em seu contato com a cultura norte-americana. Por outro lado, não aparece nos anos 1920, quando Kelsen sublinha a inspiração democrática de muitas medidas dos bolcheviques, na Rússia, e, inclusive, em sua polêmica com Schmitt, a crítica dos pressupostos do liberalismo permanece sólida.[69] E quando, nos anos 1950, assinala que a democracia não pode separar-se do liberalismo, agrega, em seguida, a distinção entre liberalismo político e capitalismo. Pode-se pensar que, na realidade, o liberalismo de Kelsen é, no melhor dos casos, cultural, herdeiro da tradição democrática do liberalismo, que o jurista austríaco põe em estreito contato com o pensamento de J.-J. Rousseau (a quem considera, de fato, o mais importante teórico da democracia) e com a Revolução Francesa. Parece-nos, portanto, que os componentes liberais da teoria kelseniana não devem ser absolutizados e que, em particular, não são suficientes para caracterizar sua teoria política como liberal em sentido estrito, menos ainda se esse liberalismo é sinônimo de teoria negativa do Estado ou de apolitismo.

Pelo contrário, muitas das proposições da teoria política de Kelsen podem aparecer como expressão de um realismo político. Certamente, Kelsen não insiste sobre o caráter pessoal do exercício do poder político tradicionalmente associado ao realismo político: para ele, a vontade estatal é sinônimo de ordem jurídica. Mas isto não significa que a teoria kelseniana não apresente características realistas – sobretudo

---

69 Cf. HERRERA, C. M. "La Polémica Schmitt-Kelsen sobre el Guardián de la Constitución", *op. cit.*

Carlos Miguel Herrera

se considerarmos que o aspecto personalista do exercício do poder político é próprio dos sistemas pré-capitalistas, enquanto que, nos sistemas modernos, como escrevera Weber, "a violência política interna objetiva-se numa ordem jurídica estatal", e ainda menos que sua problemática seja aquela da limitação do Estado perante o indivíduo. Ainda quando afirma que "todo conflito político (em um Estado, mas também entre Estados) que seja qualificado como conflito de interesses, de conflito de poder ou de conflito político, pode ser decidido como uma controvérsia jurídica",[70] não devemos esquecer que, para Kelsen, o direito não tem outro valor que o de uma técnica social para a dominação do homem pelo homem.[71] Neste sentido, localizar Kelsen entre os partidários do "governo da lei", oposto àqueles do "governo dos homens", como acreditava Schmitt,[72] apresenta o inconveniente de apagar o caráter técnico que Kelsen outorga ao

---

70 KELSEN, H. "*Wer soll der Huter der Verfassung sein?*", *op. cit.*, p. 1883.

71 É assim que KELSEN entende a função do Estado, contra a "administração das coisas", preconizada, segundo ele, pelo marxismo. Sobre este ponto, não devemos esquecer nunca que KELSEN rechaça explicitamente a filosofia prática de KANT e dos anos 1920. Para a crítica da teoria política kantiana, em termos de jusnaturalismo e de sua ideia da liberdade, cf. KELSEN, *Der soziologische und der juristische Staatsbegriff* (1922, reimpr, Aalen, 1981), p. 141 e ss. Do ponto de vista kantiano, KELSEN seria um "jurista de profissão".

72 É ainda BOBBIO, quem, em uma entrevista por ocasião da morte de SCHMITT, considera que KELSEN, em relação ao jurista alemão, representava a face do direito oposta à da força (cf. "*La Norma e la Bestia*", *Rinascita*, 1985). BOBBIO foi, por outro lado, um dos primeiros a falar do

A política dos juristas

direito.[73] Para Kelsen, o governo da lei não é o produto de uma concepção do direito como valor oposto ao poder, concepção segundo a qual "a esfera das liberdades do indivíduo é, em princípio, *ilimitada*, enquanto que a dos poderes do Estado é, por princípio, *limitada*", como pensava Schmitt.[74]

Se o poder, como tal, não é tematizado na *Teoría Pura*, contudo, não se pode concluir que ele esteja ausente. Ao contrário, para Kelsen, "o direito é uma ordem ou organização específica do poder". O que Kelsen nega é a existência, para além do Estado, de outro sistema "normativo" diferente (do tipo razão de Estado, interesse do Estado, "direito" público).[75] Para ele, o fundamento do Estado não pode ser o poder ou uma vontade psicológica, mas um dever funda-

---

realismo político de KELSEN (N. BOBBIO, *Dalla Struttura alla Funzione*, Milão, 1977, p. 200).

73 KELSEN, H. "Foundations of Democracy", *op. cit.*, p. 100.

74 SCHMITT, C. *Teoría de la Constitución, op. cit.*, p. 296. HAYEK mostra ter notado este ponto: cita HOBBES (e seu postulado *auctoritas, non veritas, facit legem*, que SCHMITT acreditava poder opor ao normativismo kelseniano), BENTHAM, AUSTIN e "a forma mais elaborada de KELSEN", como os representantes de uma concepção pela qual "toda norma é produto de uma vontade humana e não de uma razão humana". Ademais, devemos precisar que a evolução de KELSEN sobre o voluntarismo fica mais evidente a partir dos anos 1960. Em sua obra póstuma, o jurista austríaco escreveu que "não há norma sem um ato de vontade que estabeleça, ou como formulamos esse princípio na maioria dos casos, nenhum imperativo sem *Imperator*, nenhuma ordem sem ordenador" (cf. H. KELSEN, *Allgemeine Theorie der Normen*, Viena, 1979, p. 3).

75 H. KELSEN, *Gott und Staat* (1923), republicado em *Aufsätze zur Ideologiekritik*, Berlim, 1964, p. 47.

do sobre postulados não éticos, mas lógico-metodológicos, como afirma explicitamente. À pergunta: por que devemos obedecer ao direito?, não podemos responder logicamente por um fato (vontade ou poder), "mas sempre e somente pela afirmação de uma norma que diz que devemos obedecer às ordens do soberano".[76]

Para Kelsen, definitivamente, "o Estado não pode ser pensado como uma autoridade dominando os homens, enquanto ele é uma ordem obrigando os homens a um comportamento determinado e, por isso, um sistema de normas que regula o comportamento humano".[77]

Fazer de Kelsen um pensador apolítico é confundir o plano epistemológico e o ontológico. Estes dois planos devem permanecer analiticamente separados, ainda quando as eleições epistemológicas kelsenianas possam ter consequências ontológicas. Como o próprio Kelsen afirmou em 1929, defendendo a pureza da ciência, que compreende "a ciência do poder que é, ao mesmo tempo, uma teoria pura do Estado e do direito". O direito, como tal, não é nunca neutro, e "a despolitização que exige a Teoria Pura do Direito caracteriza a ciência do direito e não o seu objeto, o direito". O direito não pode ser isolado da política, desde

---

76 H. KELSEN, *Das Problem der Souveränität*, Tubingen, 1920, p. 95.

77 H. KELSEN, "L'Essence de l'État" (1926), *Cahiers de Philosophie Politique et Juridique de Caen*, 1991, p. 20.

A política dos juristas

o momento em que ele é um instrumento.[78] É por isso que a teoria de Kelsen não é apolítica; seu "juridicismo" expressa, ao contrário, "a pura lógica da tecnicidade do poder" nos Estados modernos. Não se confunde com uma "lógica do direito privado", contrariamente ao que afirma Schmitt, de forma errônea, quando critica sob este aspecto tanto Kelsen quanto Weber. Kelsen assinala, em sua polêmica com Schmitt, que todo conflito jurídico é um conflito de poder ou de interesses, e que toda controvérsia jurídica é, de fato, uma controvérsia política.[79]

Esta relação entre a concepção kelseniana e o realismo político fora talvez percebida já por Heller, em 1925, quando escrevia:

> Ao isolamento da teoria do Estado da sociologia, agrega-se – não sem condicionamentos recíprocos – a separação da ética e da metafísica, separação que se realiza no positivismo histórico, lógico ou natural. [Mas], por esse caminho, não podemos deixar de ver no Estado mais que um instrumento de opressão de classe ou de raça e, em todo caso, ele deve se esgotar em poder, poder e mais poder [...].[80]

---

78 KELSEN, H. "Qu'est-ce que la Théorie Pure du Droit?" (1953), *Droit et Société*, 1992, p. 559.

79 KELSEN, H. Wer soll der Huter der Verfassung sein?, *op. cit.*, p. 1883.

80 HELLER, H. "Die Krisis der Staastrechtslehre" (1926), *Archiv fur Sozialwissenschaft und Sozialpolitik*, p. 292.

Mas, para dizer a verdade, Kelsen considerava sua crítica metodológica como o meio específico da destruição radical da ideologia e, em particular, dava a seu funcionalismo um sentido explicitamente anticonservador. Reduzindo o Estado, em sua opinião, a uma simples técnica, sua teoria seria uma arma em favor dos governados, pois ela nega a imutabilidade de todo conteúdo sociopolítico.[81] Mas é necessário assinalar que a tensão que pode existir entre os elementos realistas de seu pensamento e suas simpatias políticas democráticas não se resolve sempre claramente em uma alternativa progressista. Contudo, esta alternativa aparece em sua concepção de democracia: embora ela libere as paixões políticas, finalmente termina criando uma disposição à obediência (*Bereitwilligkeit zum Gehorsam*)[82] e, finalmente, na realidade, a liberdade conta muito menos do que a paz.

Parece que, ao final de nosso trajeto – mais além de seus previsíveis limites –, longe da simplicidade que seria esperada da identificação de Kelsen como pensador liberal, temos um conjunto de componentes complexos: relações teóricas e políticas com a social-democracia, liberalismo cultural que muda de cor em algumas de suas proposições e uma preocupação realista de sua concepção, expressadas ainda que não

---

81 Cf. KELSEN, H. "Verteidigung der Demokratie", 1932, reproduzido em *Demokratie und Sozialismus, op. cit.*, p. 62.

82 KELSEN, H. "Demokratie" (1926), reproduzido em *Demokratie und Sozialismus, op. cit.*, p. 36.

A política dos juristas

seja mais em forma negativa. De algum modo, a empresa kelseniana busca pensar politicamente a inelutável dominação sobre os homens sob a modalidade mais democrática possível. De fato, muitas das características da teoria política kelseniana que se consideram habitualmente como definidoras de seu caráter liberal eram compartilhadas de maneira geral por setores importantes da social-democracia alemã daqueles anos.[83] Kelsen podia afirmar, então, que o socialismo e a liberdade não eram incompatíveis, como assim também podia pensar na emergência de um regime que realizasse a autodeterminação política e a liberdade intelectual ao mesmo tempo de uma economia planificada. Neste sentido, o jurista austríaco sustentava, ainda nos anos 1950, que o experimento soviético não provava nada contra um modelo socialista democrático.

Se a "regulação pela forma jurídica" estava, no século XIX, ligada ao liberalismo, "não o estaria nem pela natureza nem pela virtude liberal, e (...) ela também induziu rapidamente atitudes antiliberais".[84] É por isso que a teoria de Kelsen segue sendo, para Hayek, "uma ideologia gerada pelo desejo de adquirir o completo controle da ordem social, e pela crença de

---

83 G. Radbruch, um social-democrata não marxista, pôde assim escrever que "no socialismo, sobrevive o melhor do liberalismo: o socialismo supõe, na verdade, a organização econômica, mas também a liberdade de espírito, e falamos desde a alma quando nos unimos sob o grito de luta: Liberdade!" (cit. in: HERRERA C. M., "Kelsen y el Socialismo Reformista", *op. cit.*).

84 FOUCAULT, M. *Résumé des Cours au Collège de France*. Paris, 1989, p. 116.

que está em nosso poder determinar, deliberadamente e de forma que nos agrade, todos os aspectos desta ordem social".[85] Isto permitiria discriminar melhor o sentido da teoria do jurista austríaco. E o da crítica de seus adversários.

---

85 HAYEK, F. *Law, Legislation and Liberty*, *op. cit.*, vol. 2, p. 63.

Capítulo III

Carl Schmitt e o Marxismo

Em um texto do velho Horkheimer, pode-se ler esta afirmação surpreendente: "o verdadeiro conservador encontra-se, em muitos casos, não sempre, mais próximo do verdadeiro revolucionário que do fascista, e o verdadeiro revolucionário mais próximo do verdadeiro conservador que do que agora chamam comunismo".

Podemos aplicar este conceito a Carl Schmitt? Não, em todo caso, com a intenção de Horkheimer, já que ele se refere imediatamente depois àqueles conservadores que não dobraram os joelhos diante de Hitler, o que não foi, certamente, o caso do jurista alemão.[1]

---

1   SCHMITT, que era já um pensador reacionário nos anos 1920, apoiou, a partir dos anos 1930, em graus diferentes, os governos conservadores de BRUNING, VON PAPEN e do general SCHLEICHER. Será um dos representantes jurídicos do Reich na causa pela destituição do governo social-democrata da Prússia, sob o governo de VON PAPEN. Neste mesmo ano de 1932, sugere a proibição dos comunistas e dos nazistas e participa de um projeto de golpe de Estado; neste sentido, pode-se pensar que jogava mais o jogo de uma ditadura que o de HITLER. Entretanto, em maio de 1933, afilia-se ao partido nazista e logo após a "noite dos longos punhais", escreve um artigo no qual assinala que HITLER "protege o direito" com esta medida. Querelas internas no seio do partido nazista o impedem, desde 1936, de ir mais longe nos círculos de poder, mas então escreverá uma série de artigos antissemitas, e, desde 1939, começa a elaborar uma justificação teórica do imperialismo alemão, limitado a

Carlos Miguel Herrera

Mas pode se pensar que as relações entre Schmitt e o marxismo têm toda a ambiguidade das fascinações (recíprocas), e talvez também algo de mórbido, levando em conta, sobretudo, os laços que Schmitt havia tecido com o nazismo no poder.

Mais ainda, em uma interpretação muito corrente do pensamento schmittiano, afirma-se que o antagonismo político-teórico de Schmitt não era tanto com o marxismo como com o liberalismo. Recentemente, em uma síntese elegante sobre a revolução conservadora, Stefan Breuer sustenta que não se deve considerar o marxismo como o inimigo principal destes pensadores (entre os quais inclui Schmitt), mas a destruição do liberalismo. Para fundar sua tese de que "não se temia o movimento operário organizado", Breuer faz referência à crítica que Spengler, Niekisch e outros dirigiram à social-democracia weimariana, que, em sua corrente majoritária, estava mais próxima de ser um "partido de Estado", com sua política de integração da classe trabalhadora, que de representar uma força revolucionária.[2] Ali, portanto, não estava o "perigo" marxista: este se situa, sobretudo, como se

---

Mitteleuropa, em paralelo com a Doutrina Monroe. Se é verdade que suas ideias não expressam as concepções oficiais do nazismo, e que uma grande dose de oportunismo guia suas escolhas políticas, estou longe de pensar, como Raymond ARON, que não havia sido jamais um nazista, ou como Julian FREUND, que SCHMITT não era hostil ao regime de Weimar!

2   BREUER, Stefan. *Anatomie der konservative Revolution*, WbG, Darmstadt, 1993, trad. fr., Paris, 1996, p. 60-61.

A política dos juristas

verá despontar nos textos schmittianos, no encontro entre o movimento dos trabalhadores e o bolchevismo.

Se é correto que Schmitt coloca no centro de suas preocupações teóricas um ataque formal contra o pensamento liberal e seu sistema parlamentar, o liberalismo é seu objetivo, na medida em que este não permitia, como escrevera o próprio Schmitt, "dominar politicamente" a nova situação criada pela emergência do proletariado industrial. É por isso que sua crítica do liberalismo se detém, como já assinalaram Karl Korsch e, ainda mais claramente, H. Marcuse, diante dos fundamentos econômicos e sociais do capitalismo.[3]

É conhecida, todavia, a consideração que Schmitt tinha não só pelas análises de Marx – a quem considerava como um agudo observador político do século XIX, junto a seu admirado Donoso Cortés ou, ainda, Stahl e Lorenz von Stein –, mas também a atenção que prestava às concepções políticas de Lênin e, mais tarde, de Mao, da mesma maneira que, em outro plano, estimava a Georg Lukács como um grande pensador (marxista).

---

3 Para MARCUSE, o deslocamento do verdadeiro conteúdo do liberalismo para uma concepção de mundo que oculta e esquiva a estrutura socioeconômica do liberalismo tem sua razão de ser no simples fato de que estes críticos estavam de acordo com dita estrutura. Cf. "La Lucha contra el Liberalismo en la Concepción Totalitaria del Estado" (1934), em *Cultura y Sociedad*, Buenos Aires, 1967. Em uma resenha de *Der Huter der Verfassung* publicada no *Zeitschrift fur Sozialforschung*, K. KORSCH sublinha a análise crítica de SCHMITT em relação à concepção burguesa-liberal do Estado, mas sustenta que só a contradição entre o desenvolvimento das forças produtivas e das relações de produção funda a luta das classes sociais (p. 205).

Carlos Miguel Herrera

Esta atenção de Schmitt pelas ideias marxistas inscrevia-se com "naturalidade" no interesse que existia, a partir da Revolução de Outubro, por Lênin e os bolcheviques, lidos e comentados atentamente por teóricos "burgueses" da política e do direito, como Max Weber ou Hans Kelsen.

Diferentemente de outros "leitores" não marxistas do materialismo histórico, porém, Schmitt exerceu desde muito cedo uma certa influência sobre vários pensadores que pertenciam ao universo do marxismo. Ainda hoje é apreciável a estima da qual o jurista alemão goza nos ambientes teóricos de esquerda – em particular na Itália e nos Estados Unidos[4] —, mas já na República de Weimar, seu auditório marxista era significativo. Sem pretender ser exaustivo, poder-se-ia distinguir, então, dois tipos de pensadores marxistas atraídos pelas análises de Schmitt nesses anos. Por um lado, encontramos uma leitura atenta das ideias schmittianas em teóricos muito diferentes entre si, mas que têm em comum uma atitude iconoclasta no interior do materialismo histórico, como Max Adler, Walter Benjamin ou o já citado Korsch. Por outro lado, podemos assinalar alguns jovens universitários, militantes da SPD e mais ou menos próximos a um marxismo reformista, do qual a revista *Die Gesellschaft* foi a expressão mais importante, como era o caso de Otto Kirchheimer (que havia feito sua tese

---

4 Dão conta disso o volume editado pelo Instituto Gramsci, *La Politica Oltre lo Stato: Carl Schmitt*, e os trabalhos americanos sobre SCHMITT em torno do grupo da revista *Telos*, que editou um número especial sobre o jurista alemão, em 1987, além de numerosos artigos e traduções.

A política dos juristas

"Sobre a Teoria do Estado do Socialismo e do Bolchevismo" sob a direção do próprio Schmitt na Universidade de Bonn, em 1928) e, em menor medida, de Ernst Fraenkel e de Franz Neumann, advogados trabalhistas e ouvintes de seu seminário berlimense de direito constitucional, entre fins dos anos 1920 e princípio dos 1930.

Mas, talvez, surpreenderá mais detectar uma influência de signo inverso. Não faltaram comentaristas para sugerir que certas temáticas schmittianas, e em particular a crítica do Estado de direito burguês, que ocupa um lugar central na obra de Schmitt, eram de inspiração marxista — na Espanha, esta ideia foi sustentada, entre outros, por José Caamaño Martínez, autor, nos anos 1950, de uma tese sobre o jurista alemão, que conserva ainda seu interesse, e na qual afirma que "por toda a obra de Schmitt corre um profundo influxo da ideologia e da técnica marxistas. A atitude que adota em sua crítica do Estado liberal burguês, da situação política atual, e os métodos de ataque que emprega são semelhantes à atitude marxista em sua crítica da ordem existente".[5] Nesta mesma ótica, podem se inscrever as recordações de Ernst Niekisch — amigo pessoal de Schmitt nos anos 1920 e figura destacável do "nacional-bolchevismo" — que escrevia, a propósito do jurista alemão:

---

5   Cf. MARTÍNEZ, J. C. *El Pensamiento Jurídico-Político de Carl Schmitt*, Santiago de Compostela, 1950, p. 165.

apesar de seu ponto de partida burguês e católico, ele encontrava-se com Marx em uma mesma tomada de consciência. Durante um tempo, teve dúvidas para saber em direção a que frente deveria lançar-se, lia Marx e Lênin, e proibia o palavrório nacional alemão contra o marxismo. É preciso se perguntar, disse uma vez, se não deveria converter-se em marxista. Apesar disso, havia nascido para Roma, não para Moscou.[6]

Em todo caso, é indubitável que o marxismo exerceu uma atração incontestável sobre Schmitt. E, em particular, como veremos em seguida, a figura de Lênin, de quem aplaudia "sua superioridade sobre todos os demais socialistas e marxistas, já que a hostilidade era para ele uma coisa séria".[7]

Nas páginas seguintes, nosso ponto de partida será a leitura schmittiana da concepção política marxista. Mas nosso interesse não se esgotará no caráter intrínseco dessa leitura: ela atuará mais como algo revelador, um sintoma. Afinal, o que nos interesse sublinhar aqui é o ponto de encontro entre Schmitt e a teoria política marxista: a ideia de realismo político. Por seu caráter sintomático, a análise schmittiana mostrara sua originalidade.

---

6   "Das Reich der niederen Dämonen", 1953, p. 198-199 (citado por André DOREMUS, "Introduction à la Pensée de Carl Schmitt", *Archives de Philosophie*, 1982, p. 613-614). O próprio DOREMUS sustenta que "em todo caso, a *Verfassungslehre* é a crítica da democracia parlamentar no sentido em que *O Capital* é a crítica da economia burguesa ". (p. 621).

7   SCHMITT, Carl. *Theorie des Partisanen* (1963), Berlin, 1995, p. 56.

A política dos juristas

I

Poucas noções do vocabulário político apresentaram, desde sua aparição, um grau tal de polissemia como o conceito de realismo político. A palavra pela qual se descreve o conceito, *Realpolitik*, surge na Alemanha de meados do século XIX, mas sob certo prisma, o significado mais geral da noção transborda seu registro de nascimento lexical de 1853. De fato, a oposição entre a justiça (ou o direito ou a moral ou, ainda, a razão) de um lado, e o poder (ou a força ou a violência ou, ainda, a dominação) do outro, constituiu uma das contraposições mais antigas da história da filosofia política e, inclusive, seu antagonismo essencial para uma tradição que remonta à Ilustração.

Talvez o primeiro marco desta oposição possa ser encontrado em algumas das controvérsias entre Sócrates e os sofistas, "essa escola de realismo" segundo Nietzsche. No célebre diálogo de que dá conta Platão no primeiro livro da República, Trasímaco define o justo como aquilo que favorece ao mais forte; assim, cada governo estabelece as leis em seu interesse e vantagem, mas as declara justas para os dominados que, se as violam, são castigados como infratores de leis "justas". No testemunho platônico, tingido, sem dúvida, de parcialidade, o realismo de Trasímaco mostra já um tom conservador em sua argumentação, pois o real apresenta-se como justo.[8] Em

---

8   Calicles, em *Górgias*, completará, de algum modo, esta vertente, com um argumento biológico sobre a natureza humana: a justiça consiste

compensação, em um fragmento sobre a Constituição que nos chega por Dionisio de Halicarnaso, o realismo político de Trasímaco se expressa em outra vertente: as desgraças da *pólis* não podem ser imputadas aos deuses ou à fortuna, mas a seus magistrados, ou seja, aos homens.

Mas para além destes (e muitos outros) antecedentes que podemos rastrear no período pré-moderno, o ponto de partida da concepção realista localiza-se tradicionalmente na obra de Maquiavel, no mesmo movimento conceitual em que funda a autonomia da política, para ser sucedido pelos teóricos renascentistas da "ragione di Stato" (Boccalini, Palazzo), tendo em G. Botero seu desenvolvimento crucial. Leo Strauss dirá que Hobbes não havia feito mais do que transplantar as concepções de Maquiavel ao campo da lei natural. Frederico II da Prússia e seu antimaquiavelismo (teórico) aparece como uma figura de transição antes de se adentrar no idealismo alemão. Ali, apresentam-se as concepções de Fichte e, sobretudo, de Hegel, como os dois grandes marcos, para em seguida ligar-se aos historicistas alemães da primeira metade do século XIX, em particular Droysen e Ranke.

O célebre livro de Friedrich Meinecke, *Die Idee der Staatsräson in der neueren Geschichte* — cuja primeira edição data de 1924, mas que segue sendo, ainda hoje, fundamental,

---

em que o mais forte domine o mais débil: "em todos os lados é assim, é o que a natureza ensina, em todas as espécies animais, em todas as raças humanas e em todas as cidades" (483c).

A política dos juristas

tanto pelo que mostra, como pelo que não vê —, aparece como o modelo paradigmático deste tipo de reconstrução que vai de Maquiavel a Bismarck. Nesta história de corte idealista, em que as expressões "realismo político" e "razão de Estado" fundem-se, confunde-se do mesmo modo a história da noção com a história da atuação de grandes homens de Estado (o cardeal Richelieu, o duque de Rohan, Bismarck). Isto não tem nada de casual: segundo Meinecke, o publicista comum (quer dizer, aquele que não é um estadista), fica sempre na periferia das coisas, lhe falta esse sangue vital que flui no homem de ação (p. 192). Não poderia ser de outro modo, já que o historiador alemão considera que a "aspiração de poder" (*Streben nach Macht*) é um instinto elementar, próprio do homem e que deu existência histórica à espécie humana. É por isso também que o *Vernunftrepublikaner* que é Meinecke, ainda aceitando que "em 9 de novembro de 1918, a chama da razão de Estado saltou, empurrada por uma força irresistível, da monarquia à república", considerava que o presidente plebiscitário instaurado pela Constituição de Weimar oferecia à razão de Estado maiores garantias que o parlamentarismo.

Como expôs em público uma aguda crítica de Carl Schmitt, Meinecke rechaçava em seu livro a clausura do "rico conteúdo da ideia de razão de Estado em uma definição conceitual".[9] Assim, segundo o jurista alemão, podiam se dis-

---

9 Cit. por SCHMITT, "Zu Friedrich Meineckes 'Idee der Staatsräson'" (1926), agora em *Positionen und Begriffe im Kampf mit*

tinguir na obra de Meinecke ao menos quatro significados diferentes de "razão de Estado": primeiro, o maquiavelismo; em seguida, como política de poder ou força, expressão moderna da "razão de Estado"; do mesmo modo, como vontade vital e de poder dos Estados; ou, ainda, como o reconhecimento da "força das coisas na ação política". A observação crítica de Schmitt dá conta, na realidade, de uma plurivocidade própria ao conceito, para além das limitações pontuais da história de Meinecke. O conceito de "realismo político" é, efetivamente, congenitamente polissêmico. Em dita noção, aparecem, antes de tudo, dois significados; o primeiro deles faz referência a uma tradição doutrinária de características conservadoras, sinônimo de *Staatsräson* nas reconstruções habituais. O segundo denota um componente que atravessa todas as correntes políticas, sem distinções. Esta diferenciação remonta talvez a Boccalini que, contrapondo Tito Livio a Tácito, opunha uma visão que ressalta as forças na política e outra que colocava em relevo a arte e a sagacidade.[10]

Tanta polissemia não deve, na verdade, nos assustar. Segundo Koselleck, uma palavra converte-se em um conceito

---

Weimar-Genf-Versailles, Hamburgo, 1940, p. 45. Para SCHMITT, a ausência de um conceito decisivo de "razão de Estado", reduzido a uma representação geral de uma aspiração ou política de poder que permitia que se falasse de "razão de Estado" inclusive em nosso século, era o principal defeito da obra de MEINECKE.

10 Cf. MEINECKE, F. *Die Idee der Staatsräson in der neueren Geschichte* (1924), agora em *Werke*, T. 1, Munique, 1963, p. 91.

A política dos juristas

se a totalidade de um contexto de significados e experiências sociais e políticas, no qual e para o qual se usa a palavra, penetra nessa única palavra.[11] Mas esta pretensão à totalidade não exclui a polissemia; pelo contrário, um conceito, por sua pretensão de universalidade, deve ser necessariamente polissêmico, já que reúne, concentrado em si, um conjunto de significados, uma estrutura em graus. É justamente nesta polissemia que se inscreve a diversidade da experiência histórica.

Na primeira classe destas acepções, o realismo político aparece como uma doutrina política específica, ainda que de contornos vagos, que faz referência às conceitualizações nascidas sob o calor da *Machtpolitik* bismarckiana. A busca do "bem", da "grandeza" ou, de maneira mais prosaica, do "poder" do Estado apresentam-se como o núcleo de seu programa e, desde essa perspectiva, o Estado é definido através da potência. Nesta vertente, encontramos amiúde também uma filosofia política espontânea e implícita (ou não tanto), que, a partir do fato do poder ou da força, estabelece concepções normativas ou ético-normativas, um naturalismo matizado de darwinismo social.

Segundo Meinecke, o termo *Realpolitik* aparece em 1853, em um escrito de Ludwig von Rochau, *Grundsätze der Realpolitk*, onde seu autor escrevia: "Dominar significa exercer o poder, e só pode exercer o poder aquele que possui

---

11 "Histoire des concepts et histoire sociale", agora em *Le futur passé*, Paris, 1990, trad. fr., p. 109.

Carlos Miguel Herrera

o poder. Esta relação imediata entre o poder e a dominação constitui a verdade fundamental de toda política e a chave de toda história". Para Rochau, a política, como doutrina do Estado, tem pouco ou nada em comum com a investigação filosófica; é sobretudo uma ciência experimental, como as ciências naturais (*Naturkunde*) e, consequentemente, a política prática não pode ter como missão (*Aufgabe*) a realização de um sistema especulativo. Segundo Rochau, "o estudo da força é o ponto nodal de todo conhecimento político. A lei da força exerce na vida do Estado uma dominação similar à lei da gravidade dos corpos".[12] Mas o representante teórico mais característico desta corrente é, talvez, Heinrich von Treitschke, que foi considerado por seus biógrafos como um "predicador" do *nationalen Machtstaat*. Sua célebre definição do Estado — "a essência do Estado é antes de tudo o poder, segundo o poder e terceiro, uma vez mais, o poder"[13] —

---

12 VON ROCHAU, Ludwig A. *Grundsätze der Realpolitik. Angewendet auf die staatliche Zustände Deutschlands* (1853), ed. H.-U. Wehler, Frankfurt/M, Berlim, 1972, p. 2 e 25. Segundo KARL–GEORG Faber ("Realpolitik als Ideologie. Die Bedeutung des Jahres 1866 fur das politischen Denken in Deutschland", *Historische Zeitschrift*, 1966, p. 25), ROCHAU, com seu positivismo e seu naturalismo, rompe com certa tradição organicista do liberalismo alemão. Talvez se devesse precisar que a ruptura intervém nos aspectos político-democráticos desse organicismo, já que ROCHAU definia ao Estado como "o organismo político da sociedade humana", que se origina e perdura validamente por uma lei natural e que não deve entrar em contradição com o que é "natural".

13 Em "Bundesstaat und Einheitsstaat", publicado em *Historische und politische Aufsätze*, vol. II, Leipzig,. 1886, p. 152.

A política dos juristas

condensa para seus comentadores esta corrente do realismo político. Para Treitschke, com efeito, "o poder é o princípio do Estado, como a fé é o princípio da Igreja e como o amor é o princípio da família".[14]

Sempre como sinônimo da *Machstaatsgedanke*, esta vertente do realismo político contrapõe-se ao liberalismo tanto quanto a outra corrente do pensamento político burguês, a conservadora. É possível, entretanto, que a distância entre estas duas concepções seja menos importante ou, em todo caso, menos excludente, do que as medidas habituais nos dão a entender. Para dizer a verdade, o nascimento desta vertente do realismo político está estreitamente ligada à história do liberalismo alemão e, antes de tudo, a suas derrotas de 1848 e 1866. Retrospectivamente, estes temas aparecem claramente no livro de Hermann Baumgarten, *Der deutsche Liberalismus. Eine Selbstkritik*, publicado naquela data chave de 1866. Mas, já em 1848, encontramos em Haym uma definição de ação política que leva "em consideração aquilo que é conveniente, aquilo que seja alcançável de forma concreta". A conveniência, a oportunidade, a praticidade, vão se conformando como temas centrais da reflexão política do liberalismo.[15] Para Treitschke, sem Estado, nenhuma propriedade e nenhuma

---

14 *Politik*, Leipzig, 2ª ed., 1899, T. 1, p. 33. Trata-se de uma série de conferências pronunciadas na Universidade de Berlim e editadas por Max CORNICELIUS.

15 Sobre este ponto, ver CERVELLI, Innocenzo "Realismo Politico e Liberalismo Moderato in Prusia negli Anni del Decollo", e, sobretudo, FABER, Karl-Georg *op. cit.*

ordem da propriedade pode ser pensada. Entretanto, o historiador saxão, militante do *National-Liberale Partei*, especifica que "o Estado não está no mundo para produzir bens com um valor pecuniário (...) O Estado pode fazer infinitas coisas para proteger a economia, guiá-la e abrir novos caminhos, mas a criação propriamente dita é só realização da sociedade". Contra as ideias de Marx e Lassalle, Treitschke sustenta que "todo esse charlatanismo (*Gerede*) sobre uma distribuição igualitária de todos os bens é uma extravagância em si mesmo"; falar, inclusive, de classe deserdada já seria demagogia. Mais ainda, Treitschke desenvolve uma teoria da propriedade privada cujo eixo é a individualidade:

> no conceito de "eu" também está contido implicitamente o de propriedade; o homem não pode afirmar e desenvolver sua própria natureza de outro modo senão com o domínio das coisas que o circundam. (...) O conceito de propriedade não é, em consequência, arbitrário, pois está fundado na própria natureza do homem. (...) Sem propriedade, não pode se conceber a existência (*Dasein*) realmente humana.[16]

A separação entre Estado e economia é mais clara ainda em Rochau. Para ele, "o crescimento da produção não é o objeto da política. Esta só pode eliminar os obstáculos em favor dela própria". Mais ainda, o direito de propriedade erige-se como um limite insuperável (*unuberschreitbare*) para a ação

---

16 TREITSCHKE, *Politik, op. cit.*, p. 379-381.

A política dos juristas

do Estado, como também para a moral e, inclusive, para a economia. Pelo contrário, o Estado deve garantir a liberdade das forças econômicas, eliminando tudo aquilo que impede o desenvolvimento da livre iniciativa.[17]

Em outra acepção, igualmente habitual, a noção de "realismo político" significa já não uma doutrina, mas uma aproximação ou uma visão do político, em particular do Estado, vazia de toda consideração a respeito dos fins (morais). Trata-se de uma concepção que busca compreender/descrever o Estado tal qual ele é, não como deveria ser, uma análise em que só conta, como expressara Schmitt, a "funcionalidade do mecanismo estatal". Neste plano, "o realismo não é mais que um elemento, um componente, de todas as opiniões políticas, quaisquer que sejam". Neste significado não se está longe de uma concepção epistemológica, pois, como afirma o mesmo

---

17 ROCHAU, *op. cit.*, p. 146-147. Este liberalismo de ROCHAU e de TREITSCHKE, não só filosófico mas também político, explica suas reações diante da chegada de BISMARCK ao poder em setembro de 1862 (ainda relacionado com o conservadorismo dos irmãos GERLACH), que não foi saudada com entusiasmo por aqueles que serão considerados os teóricos da política realista. Para ROCHAU, "a chegada deste homem ajusta, da maneira mais rigorosa, o último parafuso da reação, pela graça de Deus". Em particular, ROCHAU nega a BISMARCK a estatura de homem de Estado, qualificando-o de aventureiro "que não vê mais longe do que a ponta de seu nariz". TREITSCHKE, em seguida da fracassada declaração de BISMARCK à Comissão de Orçamento da Câmara, escrevia: "quando escuto a um *Junker* tão frívolo como esse BISMARCK, que faz alarde do ferro e do sangue com os quais quer dominar a Alemanha, a infâmia parece disputar com o ridículo". Sobre este ponto, cf. GALL, Lothar. *Bismarck der weisse Revolutionär*, trad. fr., 1984, p. 268 e 273.

autor, "enquanto se for realista, se é neutro".[18] Boccalini já sustentava que Tácito havia inventado os "óculos" para descobrir a vida dos poderosos.[19]

Na realidade, os dois sentidos que acabamos de distinguir aparecem frequentemente entrelaçados. Assim, Rochau sublinhava que sua concepção acentuava aquilo que o poder podia (*kann*) fazer, em oposição ao que deveria (*sollen*), que era o objeto das especulações filosóficas. E um atento leitor de Rochau chamado Treitschke fazia o elogio dos *Grundsätze* escrevendo que não conhecia livro algum que tivesse destruído as ilusões preconcebidas com tanta lógica.[20] Mas, contrariamente ao que podem dar a entender certas leituras, ambos os aspectos do realismo político podem aparecer também como contraditórios, incompatíveis. Uma ilustração exemplar é oferecida pelo próprio Treitschke, que atacava a concepção de Maquiavel, qualificando-a de "pavorosa". Se o secretário florentino havia sido o primeiro a colocar no centro de toda política a grande ideia de que "o Estado é poder", Treitschke rechaçava, porém, a *reine Machtslehre*, ou seja, uma concepção sem conteúdos, puramente instrumental, porque nela "não se diz quase nada dos numerosos fins morais da dominação, os únicos que justificam a potência conquistada dura-

---

18 SARTORI, G. *Théorie de la Démocratie* (1965), trad. fr., Paris, 1973, p. 30 e 37.

19 MEINECKE, F. *Die Idee der Staatsräson in der neueren Geschichte, op. cit.*, p. 76.

20 Carta de 8/6/1865, cit. por WEHLER, Hans–Ulrich em sua introdução à reedição dos *Grundsätze der Realpolitik, op. cit.*, p. 9.

A política dos juristas

mente". Para o pensador da *Machtpolitik*, em compensação, a potência devia estar "destinada a favorecer e a proteger os bens superiores do homem".[21]

Junto a estas facetas, a ideia de realismo político apresenta-se em outro plano, talvez menos teórico, em que seus sentidos não são completamente comensuráveis com aqueles acima aludidos, ainda que sigam aparentados de certo modo. Nesta vertente, faz-se referência, sobretudo, a duas práticas, a duas modalidades da ação política.

A primeira destas acepções coloca em relevo o lugar central da vontade (de poder) do indivíduo que faz política. Na medida em que a política tem como meio essencial a violência, é uma atividade intrinsecamente ligada aos homens dotados de potência, ao poderoso, ao *Machthaber*. Max Weber não duvidará, então, de comparar o (autêntico) homem político com um herói.

---

21 TREITSCHKE, *Politik*, *op. cit.*, I, p. 91; II, p. 43. Para TREITSCHKE: "o Estado não tem o poder físico como fim último, mas para proteger e promover os bens supremos dos homens. A teoria pura do poder é, como tal, completamente vazia de conteúdo, e carece de toda ética por isso, porque ela não é capaz de justificar-se internamente". Este rechaço significativo de MAQUIAVEL estava já presente em RANKE, que considerava suas teorias como meras "instruções para um fim determinado" e se declarava horrorizado "de pensar em sua aplicação em um principado pacífico e legítimo". A oposição fazia-se também em nome do que o historiador alemão chama "as leis eternas da ordem moral universal" e na certeza de "que o que constitui o ideal da vida humana, é justo, assim como o belo, o verdadeiro e o bem" (cit. por MEINECKE, *op. cit.*, p. 446-447).

O outro significado com acentos práticos expressa que só se faz política em função das cambiantes relações de poder ou, de maneira mais geral, das condições dadas, o que se pode chamar, às vezes, "a força inexorável das coisas". Todo programa político está, se não dado, ao menos condicionado por uma situação de fato, inclusive entendida como necessidade histórica, da qual não se pode escapar. Esta ideia implica que nenhum programa pode ser levado a cabo diretamente, em sua totalidade; pelo contrário, toda realização é progressiva, gradual, o que ajuda a dar um lugar central à ideia de "compromisso" (não definitivo) com o oponente. É neste marco que se distingue entre o desejável (em todo o tempo e lugar) e o factível (nas circunstâncias concretas de tempo e lugar).[22] Esta concepção é denominada, às vezes, com um tom pejorativo, de "possibilista".

II

A leitura schmittiana do marxismo desenvolve-se sob o signo do realismo político. Este aspecto do enfoque de Schmitt apresenta não pouca originalidade, se pensarmos que uma das acusações mais propagadas contra a teoria política marxista é e foi justamente a de não ser realista.

Como já assinalamos, o interesse de Schmitt pelo marxismo se expressa sobretudo no estudo das concepções de Lênin.

---

22 Cf. MORGENTHAU, H. *Politics among Nations* (1948), 4ª ed., Nova York, 1967, p. 3 e 7.

A política dos juristas

Dito interesse inicia-se muito rapidamente na produção teórica do jurista alemão; uma primeira expressão significativa encontra-se em *Die Diktatur*, de 1921. Em sua análise, Schmitt considera que a ditadura do proletariado pressupõe o conceito de uma "ditadura soberana", pois busca suprimir uma ordem jurídico-política e estabelecer outra, distinguindo-se assim das "ditaduras comissárias", cujo objeto se limita a uma suspensão da ordem política, prevista para sua conservação, segundo mandato preciso.

Deve-se sublinhar desde agora a noção que interessa ao jurista alemão, a de ditadura do proletariado nos bolcheviques, pois esta terá uma importância primordial para o desenvolvimento de suas próprias teses. Para Schmitt, com efeito, a teoria da ditadura do proletariado, tal como a entendem Lênin e Trotsky, sobretudo em razão de seu caráter transitório, permite recuperar um aspecto esquecido pelo direito público burguês: a ditadura é um meio técnico (*technische Mittel*) para alcançar um objetivo determinado. Segundo Schmitt, este caráter técnico da ditadura, cujo conteúdo está só determinado pelo interesse dos resultados a serem obtidos, implica que ela não pode ser definida em geral como supressão da democracia.[23]

---

23 *Die Diktatur* (1921), Munchen, 1928, p. VI. Estas análises serão citadas e retomadas por Max ADLER em sua polêmica contra KELSEN em *Die Staatsauffassung des Marxismus*, Viena, 1922, p. 193 e ss. e constituem, provavelmente, a primeira expressão de uma leitura marxista de SCHMITT.

Esta primeira referência mostra bem claramente que o jurista alemão é um agudo leitor de O Estado e a Revolução, de 1917, já que toda a polêmica de Lênin contra Kautsky tem por eixo a noção de ditadura do proletariado, já que "é com esta pedra de toque que é preciso comprovar a compreensão e o reconhecimento efetivo do marxismo". Se para a Segunda Internacional, continua o líder bolchevique, "a ditadura do proletariado contradiz a democracia", isto ocorre porque seus teóricos esqueceram que "sem revolução violenta, é impossível substituir o Estado burguês pelo Estado proletário".[24]

Ainda que não o cite aqui explicitamente, Schmitt parece ter lido também com atenção outro texto de Lênin, A Revolução Proletária e o Renegado Kautsky, de 1918, que prolonga, de certo modo, as análises de O Estado e a Revolução. Lênin define ali a ditadura como "um poder que se apoia diretamente sobre a violência e que não está sujeito a nenhuma lei", e denuncia que a concepção kautskiana, pelo contrário, "aplicou-se com toda energia em ocultar ao leitor a característica dominante deste conceito, a saber, a violência revolucionária".[25] Para os bolcheviques, na inteligência de

---

24 LÊNIN, L'État et la Revolution, Paris, 1976, p. 35 e 53.

25 LÊNIN, La révolution prolétarienne et le renégat Kautsky (1918), em Oeuvres choisies, III, Moscou, 1968, p. 71. Na verdade, já em 1906, LÊNIN sustentava que "a noção científica de ditadura não significa nada mais que um poder sem nenhuma limitação, ao qual absolutamente nenhuma lei nem regra pode constranger, que se apoia diretamente sobre a violência" (cf. La Victoire des Cadets et les Tâches du Mouvement

A política dos juristas

Schmitt, a ditadura do proletariado aparece como um meio (excepcional) contra a burguesia, que busca conservar seu papel, apesar de ter sido ultrapassada pelo desenvolvimento orgânico da história; é por isso que o proletariado tem o direito de aplicar-lhe sua violência (*Gewalt*). Nesta ótica, Schmitt retoma quase palavra por palavra uma opinião de Trotsky em *Terrorismo e Comunismo*, de 1920, destinado igualmente a atacar as concepções políticas de Kautsky.

A *Politische Theologie*, de 1922, mostrará uma relação mais complexa com o marxismo. Se, para seu autor, "toda ideia política toma posição sobre a natureza do homem de uma maneira ou outra e pressupõe que é 'bom por natureza' ou 'mau por natureza'", sua avaliação do socialismo marxista no que concerne a esta axiomática o leva a distinguí-lo do anarquismo. De fato, sustenta Schmitt, embora o marxismo considere o problema da natureza humana como supérfluo e secundário, na medida em que o socialismo crê poder mudar esta natureza com a transformação das condições econômicas e sociais, não cai, porém, no erro dos anarquistas, que consideram o homem bom por natureza.[26] Não obstante, o matiz parece desaparecer imediatamente, pois Schmitt coloca o socialismo marxista junto com "os financistas america-

---

Ouvrier, Oeuvres choisies, V, p. 253). Esta violência não se apoia, entretanto, nas baionetas, mas sobre a massa do povo.

26 *Politische Theologie. Vier Kapitel zur Lehre von der Souveränität*, Munique, 1922, p. 51.

nos, os técnicos da indústria (…) e os revolucionários anarco-
-sindicalistas", entre aqueles que querem fazer desaparecer a
dominação econômica, estimada como objetiva. Para todo
este grupo, sempre segundo o jurista alemão, "só devem per-
maneceras tarefas técnicas, organizativas, econômicas, sociológicas; os problemas políticos devem desaparecer".[27]

Entretanto, em *Die geistesgeschichtliche Lage des heutigen Parlamentarismus*, Schmitt escreve que a filosofia da história que integra o marxismo, em virtude de sua herança he-
geliana, representa uma mudança importante em relação ao
racionalismo da *Aufklärung*, pois "a cientificidade marxista
não quer dar às realidades do futuro a segurança mecânica
de um sucesso mecanicamente calculado e mecanicamente fabricado".[28] Assim, as análises científico-econômicas de
Marx estão dominadas por uma teologia metafísica.[29] O que
podia ficar de racionalismo nesta construção desaparecia, segundo o jurista alemão, na luta concreta (dos bolcheviques),

---

27 *Politische Theologie*, op. cit., p. 55-56. Encontram-se observações semelhantes em *Römischer Katholizismus und politische Form* (1923), 2ª ed. (1925),
Stuttgart, 1984.

28 *Die geistesgeschichtliche Lage des heutigen Parlamentarismus* (1923), 2ª
ed., Munique, 1926, p. 67.

29 Segundo o jurista alemão, a importância do Manifesto Comunista residia no fato de ter reconduzido toda a teoria da luta de classes a uma
única oposição última, entre a burguesia e o proletariado, o que implica "uma intensidade consideravelmente acrescentada". *Der Begriff des
Politischen* (1932), Berlim, 1991, p. 73.

A política dos juristas

que tem necessidade de uma "filosofia da vida concreta".[30] Desde o mesmo ponto de vista, sustenta também que os conceitos de verdade e de ciência no socialismo marxista só podem ser compreendidos em relação a uma filosofia dialética da história.

Na segunda edição de *O Conceito do Político*, de 1932, e logo após haver enunciado sua célebre fórmula "a distinção específica do político é a discriminação entre o amigo e o inimigo", Schmitt assinala que apareceu um novo conceito de inimigo, o de "inimigo de classe". Para o jurista alemão, a classe social havia deixado de ser uma mera realidade econômica e transformava-se em um fator político (*eine politische Grösse*), quando tomava a luta de classes ao pé da letra e considerava seu oponente de classe como um verdadeiro inimigo, chegando em seu combate até à guerra civil dentro do Estado. Neste texto, Schmitt reafirma também a importância, para a concepção política marxista, da filosofia da história de Hegel, que "chegava a Lênin, via Karl Marx, e emigrava a Moscou".[31]

Pode-se descobrir nesta compreensão schmittiana do marxismo uma importante influência de Lukács, que havia publicado, em 1923, seu *História e Consciência de Classe*, obra que o jurista alemão conhece, sem dúvida, bem.[32] Com

---

30 *Die geistesgeschichtliche Lage des heutigen Parlamentarismus, op. cit.*, p. 76.

31 *Der Begriff des Politischen, op. cit.*, p. 38 e 62-63.

32 Cf. "Hegel und Marx" (1931), *Schmittiana*, IV, 1994, p. 52; *Der Begriff des Politischen, op. cit.*, p. 63.

efeito, para a leitura de Schmitt, as análises de Lukács são outras tantas iluminações projetadas sobre a obra de Lênin; em particular, no que diz respeito à influência da dialética de Hegel sobre o pensamento do revolucionário russo, como também ao caráter puramente tático da legalidade ou ilegalidade da ação revolucionária — algo que o filósofo húngaro sublinhava já em seu ensaio "Legalidade e Ilegalidade", de 1920 —, e, de maneira geral, a propósito do traço realista que domina a concepção política do leninismo.

Mas as análises schmittianas das ideias de Lênin e dos bolcheviques que acabamos de recordar não são um mero produto do impacto dos sucessos de outubro de 1917. Em uma obra publicada em pleno período da Guerra Fria, *Theorie des Partisanen*, a leitura de Schmitt encontra uma prolongação muito importante, e marca a continuidade do interesse pelo marxismo ao longo de sua obra.

Para Schmitt, Lênin compreendeu que a distinção amigo-inimigo é "o proceder primário (do político) e impõe-se tanto na guerra como na política".[33]

Assim, seguindo a concepção da guerra como continuação da política por outros meios de Clausewitz, de quem o dirigente bolchevique – não o esquecia nunca Schmitt – era um atento leitor,[34] Lênin reconduz o centro de gravidade conceitu-

---

33 *Theorie des Partisanen*, p. 55-56.

34 *Theorie des Partisanen, op. cit.*, p. 55. Para SCHMITT, os cadernos de notas de LENIN sobre *Da Guerra*, de CLAUSEWITZ, são "um dos documentos

A política dos juristas

al da guerra à política; e, vendo mais longe ainda, transforma o inimigo real em inimigo absoluto. Ainda mais, em Lênin, dá-se uma realidade nova que destroça todo o mundo histórico europeu existente até a data, a saber: "a irregularidade da luta de classes, que questiona o edifício inteiro da ordem política e social" adquirirá uma "consciência filosófica". Neste sentido, o revolucionário russo realiza a aliança entre "a filosofia da história de Hegel e as forças desencadeadas pelas massas".[35]

Lênin é o primeiro a ver que o "partidário" ("*Partisan*") é uma figura chave da guerra civil, como um desenvolvimento claro e lógico da noção de inimigo e de hostilidade. A figura do guerrilheiro – cuja especificidade é definida pela "irregularidade, o alto grau de mobilidade, a intensidade de seu compromisso político e o caráter telúrico" — dá para Schmitt a chave para a distinção do inimigo na atualidade. Mao aparece agora como o maior impulsor desta guerra subversiva, já que a ele é outorgado um "fundamento telúrico" mais sólido que o de Lênin. Se é este quem descobriu a figura do guerrilheiro, é Mao quem a inscreveu no centro da teoria política, de modo que a determinação do inimigo torna-se menos abstrata.[36]

Em uma primeira avaliação das considerações schmittianas sobre Lênin e o marxismo, das quais acabamos de resumir alguns momentos principais, podemos considerar que estas

---

mais grandiosos da história universal e da história das ideias".

35 *Theorie des Partisanen, op. cit.*, p. 57-58.

36 *Idem, ibidem*, p. 63-65.

apresentam um duplo interesse. Por um lado, seu mérito parece residir no fato de que o jurista alemão não cai em uma compreensão do marxismo conformada pelo evolucionismo e pelo economicismo da Segunda Internacional – o que não passava inadvertido para alguém como Walter Benjamin.

Sob este ângulo, com efeito, revelam-se as relações entre Schmitt e Benjamin. Para este último, a "teologia" representava antes de tudo um valor "metodológico", em particular como reação contra a hegemonia dos métodos cientificistas na compreensão dos fenômenos sociais, inclusive em setores dominantes do marxismo da Segunda Internacional. A influência schmittiana é notável – como o próprio Benjamin escreverá a Schmitt em uma carta de dezembro de 1930 – em seu livro sobre *A Origem do Drama Barroco Alemão*, de 1928, em cujas páginas cita algumas considerações da *Politische Theologie* sobre o conceito de soberania, sublinhando especialmente a importância epistemológica da "exceção".[37] Do mesmo modo, característica geralmente menos assinalada, pode-se encontrar também certa influência schmittiana na primeira tese de

---

37 BENJAMIN segue as ideias de SCHMITT quando escreve que aquele que domina é já de antemão designado para ser investido de poder ditatorial no estado de exceção, se uma guerra, uma revolução ou outras catástrofes o impõem. Segundo BENJAMIN, o pensamento do estado de exceção aparece nas nações europeias na época barroca para desaparecer no século XVIII, mas seu caráter restaurador e contrarreformador é comparável ao dos contrarrevolucionários estudados por SCHMITT. Cf. *Ursprung des deutschen Trauerspiel* (1928), agora em *Gesammelte Schriften*, T. I/1. Frankfurt, 1974, p. 245-246.

A política dos juristas

Sobre o Conceito de História, em que o materialismo histórico aparece como tendo necessidade da teologia, "hoje pequena e feia" como um anão, para vencer (o liberalismo). Um influxo que, por certo, reencontramos de novo na oitava tese: "a tradição dos oprimidos nos ensina que o estado de exceção (*Ausnahmezustand*) no qual vivemos, é a regra".

Por outro lado, o interesse da leitura de Schmitt consiste no fato de que sublinha o caráter político da teoria marxista, que foi negado amiúde e em diferentes épocas. Ainda mais, considerando que Lênin toma a teoria da guerra como uma parte essencial de toda a reflexão sobre o político, o jurista alemão inscreve a teoria política do marxismo no marco do realismo político. Através de Lênin, o marxismo aparece aos olhos de Schmitt como superpolitizado, não só porque a distinção amigo-inimigo funda o critério do político, mas, sobretudo, porque o inimigo de classe converte-se em absoluto, e que nenhuma regra ou convenção enquadra este enfrentamento. Nesta inteligência de Lênin, Schmitt pode encontrar concentrado o componente superpolítico da concepção do dirigente bolchevique na afirmação a seguir: "os revolucionários que não sabem reunir as formas ilegais de luta com todas as formas legais são maus revolucionários".[38]

---

38 A frase está tomada da *La maladie infantile du communisme* ("le gauchisme") (1920), trad. franç. In: *Œuvres choisies*, cit., LÊNIN utiliza aqui uma metáfora militar: "a conduta de um exército que não aprendeu a utilizar todas as armas seria insensata e criminosa ". Esta passagem, que SCHMITT não cita, determinou, sem dúvida, sua interpretação.

III

Como acabamos de ver, a violência, expressa na ditadura do proletariado e na guerra revolucionária, ocupa o lugar central da concepção política de Lênin segundo Schmitt. Para o jurista alemão, "o emprego da violência revolucionária fez a Rússia de novo moscovita".[39] Mas sua leitura revela, aqui, limitações importantes. Com efeito, olhando mais de perto, é uma compreensão de Lênin e do marxismo informada pelas concepções de Georges Sorel que parece incitar o interesse de Schmitt, a não ser que não seja o próprio Sorel.[40]

Se é certo que muitos setores importantes do movimento socialista e comunista (e claramente na Itália, inclusive em Antonio Gramsci[41]) puderam estar influenciados, em um momento ou outro, por certas ideias de Sorel, que era reconhecido como um importante opositor da esclerose e do aburguesamento dos partidos socialistas parlamentares, o núcleo do pensamento de Lênin parece muito longe de poder ser

---

39 *Die geistesgeschichtliche Lage des heutigen Parlamentarismus, op. cit.*, p. 88.

40 Certamente SCHMITT teve um papel importante na recepção das ideias de SOREL na Alemanha. Sobre este ponto, ver PRAT, M. "Georges Sorel en Allemagne". In: JUILLARD, J. e SAND, S. (orgs.), *George Sorel en son Temps*, Paris, 1985.

41 GRAMSCI sintetiza magistralmente em seus *Quaderni* sua relação com Sorel: "é tortuoso, saltitante, incoerente, superficial, etc.; mas sugere pontos de vista originais, encontra puras verdades inesperadas, obriga a pensar e a estudar a fundo".

A política dos juristas

reduzido às ideias do pensador francês, de quem dizia, ademais, que era um "confuso reconhecido".[42]

E isto parece particularmente certo no que se refere justamente ao problema da violência. A violência aparece em Sorel como instrumento redentor e moralizador (o que aproxima o autor de *Réflexions sur la Violence* a certas teses de Proudhon). O ponto aparece bem ilustrado pela distinção entre força (cujo objetivo é "impor a organização de certa ordem social na qual uma minoria governa ") e violência (a destruição dessa ordem). Se a burguesia empregou sempre a força, o proletariado opõe a ela a violência. Segundo Sorel, Marx não havia compreendido esta distinção e assumiu a teoria da força burguesa. Assim, esta concepção substancialista da violência deve ser relacionada à desconfiança do teórico da *nouvelle école* para com a ideia da ditadura do proletariado.[43]

Já nos alvores de sua reflexão, Benjamin se sentirá atraído por esta concepção soreliana da violência, à qual qualifica de "profundamente moral e autenticamente revolucionária" em seu ensaio "Zur Kritik der Gewalt".

Em particular, para Benjamin, a greve geral proletária tem o poder de transformar as relações do direito de maneira duradoura. Contrariamente à greve política, que é fundadora do direito, a greve geral é, para Benjamin, anarquista. Seu fim é

---

42 *Matérialisme et Empiriocriticisme* (1908), trad. franç., Paris, p. 268.

43 Cf. SOREL, Georges *Réflexions sur la Violence* (1908). Paris, 1990, sobretudo p. 173 ss e 207ss.

destruir a violência do Estado e, como meio puro, ela é não violenta, diminuindo o papel da violência propriamente dita nas revoluções.[44]

Mas Schmitt parece levar a cabo uma redução de Lênin a Sorel. Afinal, sem dizê-lo nunca de maneira explícita, o jurista alemão pressupõe inclusive uma ruptura entre Marx e Lênin, na medida em que, segundo ele, os bolcheviques adotaram "uma filosofia da vida concreta", da qual Sorel é um representante. E Schmitt sublinha que "o complexo no qual se move, de fato, a argumentação bolchevique encerra explicitamente ideias anarco-sindicalistas".[45]

O autor da *Verfassungslehre* contrapõe, assim – prosseguindo de certa maneira algumas teses já presentes no próprio Sorel —, a uma ditadura educativa (à qual se vincularia Marx), "uma teoria que preconiza diretamente a utilização da violência", na qual "a fé na discussão seria substituída por uma teoria da ação direta".[46] Segundo Schmitt, se Marx teve o mérito de haver concentrado na burguesia a figura do "último inimigo da humanidade em geral", tinha também

---

44 *Zur Kritik der Gewalt* (1921), agora em *Zur Kritik der Gewalt und andere Aufsätze*, Frankfurt, 1965, em particular p. 50-52. BENJAMIN nega toda a violência fundadora do direito (que chama mítica ou governante) e toda a violência conservadora do direito (a violência governada).

45 SCHMITT, *Die geistesgeschichtliche Lage des heutigen Parlamentarismus*, *op. cit.*, p. 77.

46 *Idem, ibidem*, p. 76.

por possível que a democracia burguesa acabaria, com a ajuda do sufrágio universal, por procurar no proletariado uma maioria no parlamento, ultimando por vias legais a passagem da ordem social burguesa à sociedade sem classes. Vem daqui que certo revisionismo, que não deve nada ao guerrilheiro, poderia reclamar o patronato de Marx e Engels.[47]

Marx, na interpretação schmittiana, havia ficado prisioneiro do século XIX, ao querer, sobretudo, vencer a burguesia em seu terreno, a economia. Mas segundo Schmitt, "desde o ponto de vista do irracionalismo, era uma traição querer ser mais economista e mais racionalista que a burguesia". Da mesma maneira, sempre segundo Schmitt, Engels seria considerado por Sorel como um "racionalista típico".

Com a ajuda desta peneira, o jurista alemão parece, ademais, interpretar a ruptura entre a Segunda e a Terceira Internacionais, pois para os bolcheviques, sempre segundo Schmitt, que se refere a Trotsky, "na consciência de realidades relativas não se pode encontrar a coragem de empregar a violência e derramar sangue".[48]

---

47 *Theorie des Partisanen, op. cit.*, p. 53.

48 *Die geistesgeschichtliche Lage des heutigen Parlamentarismus, op. cit.*, p. 77. SCHMITT radicaliza provavelmente um comentário de TROTSKY contra KAUTSKY: "Nossa 'verdade' não é seguramente absoluta. Mas como, no momento presente, nós vertemos sangue em seu nome, não temos razão nem possibilidade alguma de entabular uma discussão literária sobre a relatividade da verdade com os que nos 'criticam' ajudando

Esta situação é particularmente apreciável em seu artigo de 1923, "Die politische Theorie des Mythus",[49] no qual Schmitt retoma autonomamente suas análises do capítulo IV (teorias irracionais do emprego imediato da violência) de sua *Crise do Parlamentarismo*. Mas esta compreensão de um Lênin mais soreliano que marxista também será encontrada, alguns anos mais tarde, na tese de doutorado de Kirchheimer, que mantém a posição de que Lênin tem mais pontos de contato com o pensador francês do que com o socialismo parlamentar, sobretudo ao considerar como uma utopia a crença em um triunfo majoritário e pacífico do proletariado no marco da democracia parlamentar. Inclusive, segundo Kirchheimer, a concepção oficial do leninismo encontra-se em harmonia com o sindicalismo revolucionário de Sorel, em particular, na ideia de que o partido comunista é o guia do proletariado e seu único e autêntico representante na grande luta contra a dominação mundial da burguesia, que representa para o revolucionário bolchevique o falso, o perverso e o imoral. Recorda igualmente a crítica soreliana, já sublinhada por seu *Doktorvater*, no sentido de que Marx havia estabelecido uma

---

a tudo. *Terrorismo y comunismo (anti Kautsky)* (1920), trad. esp., em *Obras de León Trotsky*, Tomo 1, México, 1972, p. 86.

49 "Die politische Theorie des Mythus" (1923), agora em *Positionen und Begriff, op. cit.*, p. 14-15.

A política dos juristas

dependência funcional do movimento do proletariado com o processo de desenvolvimento capitalista.[50]

Desde logo, o pensamento de Lênin não constitui nem uma unidade, nem uma simples continuação do de Marx[51] — como tampouco, de fato, uma ruptura completa com certas concepções de Kautsky –, mas as diferenças não passam exatamente pela adoção de uma "filosofia da vida".[52] Schmitt não aprecia somente a teoria da violência em Sorel, mas ademais (e sobretudo) seu caráter irracional. Mais ainda, o jurista alemão relaciona a importância desta violência com a existência de "sindicatos proletários (…) não políticos" e com uma estratégia baseada na "acumulação de proezas heroicas" e de forças individualistas das massas. Sorel expressa em sua teoria da ação direta seu ódio por todo intelectualismo e por toda centralização. Do mesmo modo: "A ditadura não é [para Sorel] mais que uma máquina militarista burocrática policial nascida do espírito racionalista; pelo contrário, o emprego da

---

50 KIRCHHEIMER, O. "Zur Staatslehre des Sozialismus und Bolchewismus", agora em *Von der Weimarer Republik zum Faschismus*, Frankfurt, 1976, p. 40 e ss., em particular, p. 42 e 43.

51 A bela obra de LABICA, G. *Le Marxisme-Leninisme (Elements pour une Critique)*, Paris, 1984. nos ensinou a desconfiar, sempre, da denominação "marxista-leninista".

52 Ver em particular a *Theorie des Partisanen*, em que SCHMITT opõe MARX e ENGELS, enquanto pensadores, a LÊNIN, como revolucionário profissional (*op. cit.*, p. 53) e, já antes, *Die geistesgeschichtliche Lage des heutigen Parlamentarismus, op. cit.*, em particular p. 83 e 86.

violência revolucionária pelas massas é a expressão de uma vida imediata, amiúde selvagem e bárbara".[53]

Esta análise do caráter da violência leva Schmitt a outras considerações, em que vemos aflorar o problema do nacionalismo. Assim, o que o jurista alemão sublinha no célebre texto de Sorel "Pour Lénine", de 1919, é a comparação que o teórico francês traça entre o líder bolchevique e Pedro, o Grande, assim como o caráter moscovita de Lênin. No mesmo plano, Schmitt sustenta que o acontecimento decisivo do século XX é, como já havia previsto Donoso Cortés, a união do socialismo e da alma eslava (*Slawentum*).[54] Mas Lênin, entendido assim, resulta mais próximo a Bakunin, pelo fato de que este é russo, do que aos "ocidentais" Marx e Engels (cujo enfrentamento com o grande dirigente anarquista no marco da Primeira Internacional é analisado por nosso autor pela ótica do conflito de nacionalidades).

De fato, segundo Schmitt, a refutação do racionalismo mecanicista e intelectualista através de uma filosofia do irracional havia conduzido Sorel para resultados anarquistas, dando um fundamento filosófico mais significativo às ideias de Bakunin e Kropotkin.[55] Por isso, não podemos estranhar que na conclusão de *Römischer Katholizismus und politische Form*, depois de ha-

---

53 "Die politische Theorie des Mythus", *op. cit.*, p. 14.
54 "Das Zeitalter der Neutralisierungen und Entpolitisierungen" (1929), agora em *Der Begriff des Politischen, op. cit.*, p. 79.
55 *Die Diktatur, op. cit.*, p. 147.

A política dos juristas

ver estimado que duas massas se opõem à civilização ocidental, "o proletariado industrial das metrópoles" e "o espírito russo", que estão a caminho de unir-se na Rússia soviética, Schmitt recorde à Igreja romana que o liberalismo (simbolizado aqui pela figura de Mazzini) está finalmente mais próximo ao catolicismo, ainda que não seja tanto por seu caráter ocidental, que o "socialismo ateu" de Bakunin.[56]

Na verdade, as teses sorelianas sobre a violência estão afastadas, e inclusive se opõem, às concepções de Lênin: se a violência ocupa um papel central em sua concepção do político e, muito especialmente, em sua noção da ditadura do proletariado, esta última não se reduz àquela. Isto aparece com clareza em um curto texto publicado em Praga, em 1919, "Saudação aos Trabalhadores Húngaros", em geral pouco citado, mas que se revela, em sua concisão, fundamental para o tema que nos ocupa, pois, de um lado, é um dos escritos de Lênin onde se poderia desvelar certa influência de Sorel, ainda mais a nível do léxico – a crítica do "aburguesamento" do capitalismo "costumeiro" etc. Por outro lado, a concepção de Lênin sobre a violência e a ditadura do proletariado aparece aqui em toda sua complexidade. É assim que o revolucionário russo escreve: "Esta ditadura supõe o exercício de uma violência implacável, rápida e resoluta, para vencer a resistência

---

56 *Römischer Katholizismus und politische Form, op. cit.*, p. 64-65. Na primeira edição deste escrito, SCHMITT fala de uma Igreja que se encontra ao lado (*neben*) de MAZZINI.

dos exploradores (…) quem não compreendeu isto não é um revolucionário". Mas acrescenta, em seguida, "mas não é só a violência, nem principalmente a violência o que dá fundamento à ditadura do proletariado. *Seu caráter primordial reside no espírito de organização e de disciplina do proletariado* (…). Sua meta é fundar o socialismo".[57]

Schmitt, mais que ter escapado da redução corrente que restringia a concepção materialista da história ao economicismo da Segunda Internacional, parece tê-la deslocado, recaindo em uma nova redução, que consistiria em reduzir o molde do sindicalismo revolucionário a Lênin e aos bolcheviques. Nisto está longe de ser o único; na análise das estratégias do movimento operário que faz Weber em sua conferência sobre *O Socialismo*, realizada em junho de 1918 perante oficiais austríacos, e na qual distingue entre socialismo reformista e socialismo revolucionário, este último parece construído sobre os traços do sindicalismo, o que subsume, assim, a estratégia dos bolcheviques na Rússia – e isto, em que pese que Weber os conhecia bem, por haver estudado suas concepções em seus escritos sobre a situação revolucionária russa.[58]

---

57 "Salut aux ouvriers hongrois" (1919), trad. fr. In: *Œuvres choisies, op. cit.*

58 Depois de haver escrito que os meios típicos do sindicalismo são a greve geral e o terror, e depois de haver expressado suas dúvidas sobre a capacidade dos intelectuais e sindicalistas para dirigir a produção em tempos de paz, acrescenta: "O grande experimento é agora: Rússia" (*Der Sozialismus*, 1918, agora em *Gesammelte Aufsätze zur Soziologie und Sozialpolitik*, Tubingen, 1925, p. 514). Segundo W. MOMMSEN, a conferência de WEBER não estava isenta de segundas intenções.

A política dos juristas

É assim, então, que na leitura schmittiana, não somente a distinção entre Sorel e Lênin torna-se mínima – a diferença consistiria no fato de que Lênin é um russo e não um "romano", e, por isso, mais feroz –, mas que chega a fazer do escritor francês "a chave de todo pensamento político hoje em dia".[59] E, para dizer a verdade, trata-se de um Sorel lido através das lentes da Ação Francesa e de Mussolini, de quem Schmitt cita, com muita simpatia, um discurso pronunciado em Nápoles em outubro de 1922, no qual faz referência ao mito da nação, segundo Mussolini e seu admirado leitor, superior ao do proletariado.

IV

O outro aspecto que pudemos destacar na leitura schmittiana é o de haver sublinhado, por meio de Lênin, o componente político do marxismo. Não creio forçar demasiado os paradoxos se digo que o pensador alemão reconhece em Lênin uma das características que havia desvelado em sua análise da Igreja romana (o que não implica, por certo, que sinta por aquele a simpatia e as afinidades culturais que sentia por esta). Como havia escrito em relação ao catolicismo em *Römischer Katholizismus*

---

59 O juízo é de W. LEWIS, em *The Art of Being Ruled*, de 1926, com quem SCHMITT se declara totalmente de acordo (*Die geistesgeschichtliche Lage...*, *op. cit.*, p. 78). Também em sua *Theorie des Partisanen*, SCHMITT sublinha a "coincidência remarcável" da data de descobrimento da figura do guerrilheiro por parte de Lênin e a publicação de *Réflexions sur la Violence* (cf. *Theorie des Partisanen*, *op. cit.*, p. 54).

und politische Form — mas que, segundo o próprio Schmitt vale igualmente "para os socialistas convencidos na medida em que têm princípios radicais" —: "Todo partido que tenha uma visão do mundo sólida (*feste*) pode, na tática da luta política, formar coalizões com os grupos mais díspares". E isto não faz senão aumentar seu poderio político, pois "desde o ponto de vista de uma visão do mundo, todas as formas e possibilidades políticas convertem-se em simples instrumentos da ideia a realizar".[60] Ainda que em menor medida que a Igreja romana, que pode sempre jogar sobre o plano espiritual um papel maior do que nenhum (outro) partido político, o leninismo, devido a sua elasticidade, seria também um *Complexio Oppositorum*. Por isso, seguindo de novo a Lukács, Schmitt vê toda a condensação do grau político que representa Lênin em sua afirmação: "Aqueles que entendem por política pequenos passes de mágica que roçam às vezes, a fraude, devem se deparar com nosso rechaço mais categórico. As classes não podem ser enganadas".[61] Mas, inclusive aqui, está presente também a marca de Sorel que, desde 1909, chamava a atenção sobre o paralelo que se podia traçar entre o catolicismo e o proletariado. A Igreja católica, recorda o pensador francês, praticou sempre uma "divisão

---

60 *Römischer Katholizismus, op. cit.*, p. 8 e ss.

61 Cf. *Der Begriff des Politischen, op. cit.*, p. 63. A citação está tirada do ensaio de LUKÁCS, *Lénine* (1924). Paris, 1965, p. 116.

A política dos juristas

de funções" que lhe permitiu representar todos os matizes. Este modo complexo é o que o proletariado deve tratar de imitar.[62]

Mas este caráter político que Schmitt reconhece no marxismo não variará, mesmo quando, no seu último ensaio publicado em vida, "Die legale Weltrevolution" — cujo subtítulo, "Mais-Valia Política como Distinção entre a Legalidade Jurídica e a Supralegalidade", comporta uma certa sinalização ao marxismo –, surgido em 1978, encontramos uma mudança de perspectivas no que refere ao problema político no marxismo.

Neste ensaio, que retoma algumas ideias sobre a primeira política do Estado já contidas em *Legalidade e Legitimidade*, Schmitt assinala que o eurocomunismo entendeu que a legalidade estatal procura uma "mais valia política" (algo que Hitler já percebera em 1933). O jurista alemão refere-se agora às ideias do então líder do Partido Comunista Espanhol, Santiago Carrillo, sobre os princípios do eurocomunismo, desenvolvidas em seu livro *Eurocomunismo y Estado*, de 1977, que parecem provar que "os métodos violentos da revolução ilegal de Lênin e de Trotsky de outubro de 1917 envelheceram hoje em dia [e] encontram-se ultrapassados, já que atualmente trata-se do poder estatal nas sociedades industriais desenvolvidas".

Assim, sustenta Schmitt (com satisfação pouco dissimulada): "O Estado está mais vivo e mais necessário que nunca",

---

62 SOREL, Apendice I a *Réflexions sur la Violence*, "Unité et Multiplicité", *op. cit.*, p. 278-282.

pois se converte no realizador de uma revolução pacífica enquanto portador da legalidade. Para Schmitt, "a revolução legal converte-se em permanente e a revolução estatal permanente converte-se em legal". Em particular, a existência de normas supraconstitucionais torna muito difícil, de fato, a realização do método de insurreição inaugurado pela Revolução Francesa e aplicado com êxito por Lênin em 1917, e que consistia em derrocar, primeiro, o governo legal, para logo estabelecer um governo provisório e, por último, convocar uma assembleia geral constituinte. A legalidade tornou-se um modo inevitável para toda mudança revolucionária. E, em nível mundial, sempre segundo Schmitt, a possibilidade de uma revolução violenta faz-se ainda mais impossível.[63]

Mas esta valorização do papel do Estado e da legalidade como primeira política aparece sempre na análise schmittiana como fruto de uma compreensão realista das novas relações de força por parte dos comunistas. Neste sentido, a leitura de Schmitt apresenta uma diferença importante da crítica do marxismo que, nos anos vinte, empreendia Hans Kelsen, expressa em particular em *Sozialismus und Staat*, obra que nosso autor conhecia bem, e na qual o jurista austríaco assimilava a teoria política marxista ao anarquismo. Se Kelsen considerava Lênin como o verdadeiro intérprete da teoria política de Marx e Engels, era para convencer os socialistas reformistas a

---

63 "Die legale Weltrevolution", em *Der Staat*, 1978, p. 321-339, aqui citamos as páginas 322 e 329.

A política dos juristas

abandonar, por utopista e anarquista, a concepção marxista do Estado; por isso, a análise kelseniana concluía com a inequívoca confiança: volta a Lassalle.[64]

Schmitt, pelo contrário, acentuava o aspecto *realpolitisch* do marxismo, e, especialmente, de Lênin. No vocabulário científico e político, como recorda Koselleck em sua introdução ao conceito "Herrschaft" do *Geschichtliche Grundbegriffe*, a noção de dominação apresenta um acento positivo só nos autores conservadores.[65] E considera-se habitualmente Schmitt como um dos representantes desta corrente em nosso século XX.[66] Sem

---

64 Sobre os aspectos "político-partidários" da crítica kelseniana, cf. HERRERA, Carlos M. "Hans Kelsen y el Socialismo Reformista", *Revista de Estudios Políticos*, 96, 1997.

65 *Geschichtliche Grundsbegriffe: historisches Lexikon zur politisch-sozialen Sprache in Deutschland* (BRUNNER, O., CONZE, W., KOSELLECK, R. orgs.), Stuttgart, T. III, p. 4.

66 No entanto, não se deve confundir SCHMITT com um simples partidário da *Machtstaatsgedanke*. É sobretudo Erich KAUFMANN quem representa esta corrente na ciência jurídica alemã da primeira metade do século XX, em particular com sua afirmação de que a essência do Estado é o livre desenvolvimento do poder através de sua afirmação na história. Para KAUFMANN, este desenvolvimento do poder é paralelo ao crescimento das energias éticas internas do Estado. O Estado é uma comunidade, a suprema instituição ética que recolhe a força ética dos indivíduos; dito Estado aparece como um todo vivente, é a "organização que se dá o povo como expressão de um intento preciso de inserir-se na história universal como potência capaz de afirmar sua particularidade" (p. 138). Para KAUFMANN, existia uma "harmonia pré-estabelecida entre o poder (*Macht*) e o direito", que era próprio da ideia do Estado (p. 148). Em particular, segundo KAUFMANN, que reivindicava as concepções de HEGEL e do RANKE dos *Politisches Gespräche* sobre a guerra vitoriosa,

dúvida, o jurista de Plettenberg inscreve-se numa concepção realista quando afirma em *Der Begriff des Politischen* que "só os homens ou os grupos humanos dominam outros homens e, em consequência, se se considera este fato sob um ângulo político, o reino da moral, do direito, da economia e da norma, não tem nunca mais que um sentido político concreto". Se, para Schmitt, o poder que um homem exerce sobre outros homens procede do próprio homem, sustenta também que "a realidade do poder supera a realidade do homem (…) Só digo que é para todos, também, frente ao poderoso, uma realidade autônoma, e que o arrasta em sua dialética".[67]

Em alguns de seus escritos weimarianos, Schmitt esboçara certos traços do que ele entendia por realismo político. Assim, a antropologia pessimista aparece como o fundamento, o princípio essencial, próprio de todas as "autênticas teorias políticas". Com efeito, "em toda argumentação tendente a

---

a guerra era um ideal social através do qual o "Estado mostrava sua essência autêntica, sua existência efetiva na história universal. "A guerra vitoriosa é o ideal social, o meio superior para todo fim supremo". SCHMITT, ao contrário, atacara estas ideias de KAUFMANN para sublinhar a ausência de substância em sua definição do político (nem belicista, nem militarista, nem imperialista, nem pacifista). Segundo o autor de *O Conceito do Político*, existia uma incompatibilidade, uma incoerência estrutural entre a noção (que ele qualifica de neokantiana e liberal) de ideal social e a ideia de guerra (*Der Begriff des Politischen, op. cit.*, p. 34). Nesta perspectiva, podemos ver na concepção política schmittiana um giro formalista do pensamento realista.

67 *Gespräch uber die Macht und den Zugang zum Machthaber* (1954), Berlim, 1994, p. 13 e 29.

A política dos juristas

justificar o absolutismo político ou estatal, a maldade natural do homem é um axioma sobre o qual se fundamenta a autoridade estatal".[68] Schmitt situava a natureza de uma teoria política no caráter conflitivo, dinâmico ou, pelo contrário, inofensivo, que nela se dava ao homem: um pensamento especificamente político reconhece-se pela concepção problemática da natureza humana que postula, em que o homem aparece como um ser perigoso capaz de criar riscos.[69]

Ao lado desta antropologia pessimista, Schmitt mostra em *A Ditadura* outro aspecto do que podemos considerar como próprio das concepções do realismo político. Refiro-me ao tecnicismo (*Technizität*) — noção que ele declara tomar do socialista Otto Neurath. Recordando as concepções de Maquiavel, Schmitt refere-se a um interesse meramente técnico, que não se ocupa dos fins políticos ulteriores de sua construção. "A organização política do poder e a técnica de sua conservação e ampliação é diferente nas diversas formas estatais, mas sempre é algo que pode se realizar de uma maneira técnica objetiva". É nessa ótica que nosso autor fala do interesse puramente técnico do "engenheiro" em política,

---

68 SCHMITT, *Die Diktatur, op. cit.*, p. 9.

69 SCHMITT, C. *Der Begriff des Politischen, op. cit.*, p. 59-61. Já para FICHTE, o princípio fundamental da política maquiaveliana era o reconhecimento da malignidade dos homens. Só assim, escrevia, pode-se fundar a existência do Estado como instituição de coação (*Zwangsanstalt*). "Sur Machiavel écrivain" (1807), trad. fr. em *Machiavel et autres écrits philosophiques et politiques de 1806-1807*, Paris, 1981.

a quem só importa a construção da coisa, sem se preocupar com a utilização que se dará a ela.[70] Esta concepção permitia que definisse a ditadura como "meio técnico" para alcançar um fim determinado, concepção que, como vimos, voltava a se revalorizar para ele graças aos bolcheviques.

Mas a leitura schmittiana de Lênin é também sintomática de um debate muito importante no seio das correntes reformista e revolucionária do marxismo, em especial a partir de 1917, em que a ideia de "realismo político" será reivindicada por ambos os lados do movimento operário.[71] Poderia se chegar a dizer, inclusive, que a luta semântica, como luta política, dos anos que seguem o fim da Primeira Guerra Mundial, terá por eixo a questão do realismo político – de todo modo, é sempre uma arma particularmente poderosa na luta política acusar o adversário de ter um programa irrealizável, ou seja, não realista.

A primeira tomada de posição precisa a respeito é, muito provavelmente, a de Leon Trotsky, no capítulo primeiro de

---

70 *Die Diktatur, op. cit.*, p. 8. Alguns anos mais tarde, SCHMITT sustentará que o tecnicismo se funda em uma metafísica ativista, no poder ilimitado do homem para superar os limites naturais, inclusive do homem mesmo, o que relaciona com a crença de que existe uma possibilidade de obter uma transformação ilimitada das condições de existência dos homens além da felicidade. E é na terra russa que esta "antirreligião do tecnicismo" foi levada a sério.

71 É interessante recordar que *Die Gesellschaft*, a já citada revista teórica da social-democracia alemã a partir da segunda metade dos anos 1920, publicou, em 1924, algumas *bonnes feuilles* do capítulo final do livro de MEINECKE, sob o título "Machtpolitik und Staatsräson einst und jetzt".

A política dos juristas

seu célebre "anti Kautsky", *Terrorismo e Comunismo*, de 1920, no qual acusa o velho papa do marxismo de defender uma concepção jusnaturalista da democracia. Diante das críticas dos social-democratas alemães com referência à realização do socialismo em um país atrasado como a Rússia, Trotsky ataca especialmente o caráter ambíguo da noção de "relações de poder ou de força", pois, segundo o líder bolchevique,

> a correlação de forças significa tudo o que se queira: o nível da produção, o grau de diferenciação das classes, o número de trabalhadores qualificados, os fundos de caixa dos sindicatos, às vezes, o resultado das últimas eleições parlamentares, em outras ocasiões, o grau de condescendência do ministério ou do impudor da oligarquia financeira, e também, o mais frequentemente, a impressão política de conjunto de um pedante semicego, que se chama político realista, que assimilou, talvez, a fraseologia marxista, mas que, na realidade, inspira-se nas mais baixas combinações, nos preconceitos mais ampliados e nos vícios parlamentares.[72]

Mas na própria dinâmica de sua argumentação, Trotsky não quer de nenhum modo abandonar ao adversário a noção de "relações de força", para a qual oferece uma definição "marxista": "A correlação de forças políticas é, em um dado momento, a resultante dos diversos fatores de potência e valor desiguais, e no fundo, não se determinam senão pelo grau de

---

72 TROTSKY, *Terrorismo y Comunismo, op. cit.*, p. 18.

desenvolvimento da produção". A fase imperialista das relações de produção produz, em particular, uma mudança na
luta política.

Ainda mais clara, ou se preferir, menos economicista que o
intento de Trotsky, é a defesa do realismo político em Lukács,
no que parece constituir também uma resposta às análises de
Kautsky. Lukács distinguia, por um lado, o que ele chama "a
Realpolitik da social-democracia", que trata "das questões do
dia como simples questões do dia, sem relação com a evolução
do conjunto, sem laços com os problemas últimos da luta de
classes, sem superar o horizonte da sociedade burguesa", da
denominada "*Realpolitik* revolucionária". O realismo político
da social-democracia, que comporta a supressão do método
dialético, não é verdadeiramente tal, pois transforma o problema de realização do socialismo em uma utopia. A *Realpolitik*
de Lênin, que seu intérprete qualifica de não dogmática, é, ao
contrário, uma teoria da práxis, que implica em uma restitui-
ção da dialética marxista e, ao mesmo tempo, na liquidação
de toda utopia. Em particular, a teoria e a tática leninista do
compromisso não é sinônimo de engano, ou de mera habili-
dade, mas a apreciação das linhas de evolução real da luta de
classes ou, mais ainda, é uma consequência direta da atualidade da revolução. Seu fundamento último, "a ação concreta de
homens concretos sobre a base de seus verdadeiros interesses
de classe", aparece segundo Lukács como "a consequência
concreta e lógica da concepção histórica marxista-dialética

A política dos juristas

segundo a qual os homens fazem a história, mas não podem fazê-la nas condições por eles escolhidas".[73]

No entanto, mais do que com referência a Marx, a caracterização de realismo político relacionou-se comumente com a obra e a pessoa da Ferdinand Lassalle. De fato, o fundador da ADAV apresenta convergências com as variadas facetas do realismo político. Sua concepção realista se expressava antes de tudo em sua análise da essência da constituição. Para Lassalle, que declarava opor-se às "definições jurídicas formais", a constituição é "a soma dos fatores reais de poder (*tatsachlichen Machtverhaltnisse*) que regem esse país". Segundo o líder socialista alemão, a esses fatores de poder se dá expressão escrita, o que os transforma em algo mais do que em mero poder: eles convertem-se em direito, em disposições legais. Mas esta "constituição jurídica", sustenta Lassalle, "de nada serve se o que se escreve em uma folha de papel não se ajusta à realidade, aos fatores reais e efetivos do poder" que ele chama de "Constituição real". Por isso, para Lassalle, "os problemas constitucionais não são, primariamente, problemas de direito, mas de poder (*Machtfrage*).[74] Do mesmo modo, os laços com as concepções *realpolitisch* podem aparecer na visão gradualista e possibilista da mudança social, que faz do Estado um dos eixos centrais do socialismo, como o recordavam Kelsen e Heller. Lassalle fará uma reivindicação do Estado como instrumento (a ideia

---

73 LUKÁCS, G. *Lénine, op. cit.*, p. 107 e ss.

74 LASSALLE, F. *Über Verfassungswesen*, 1862, trad. esp., p. 92 e 119.

de Estado da classe operária), no qual se baseia nas ideias de Fichte e de Hegel. Finalmente, podem emergir ademais em sua concepção da ação política que colocava no centro a vontade de poder do líder, que devia ser um *Machthaber*. Com efeito, vimos que, em uma das vertentes do realismo político, colocava-se em relevo o exercício do poder pessoal, arbitrário, baseado exclusivamente na vontade do indivíduo. Esta concepção não é um puro monopólio das correntes conservadoras; Lassalle resumia sua ideia do partido operário declarando: "devemos (*mussen*) fundir nossa vontade em um único martelo e colocá-lo nas mãos de um homem cuja inteligência, caráter e boa vontade nos inspirem confiança e que saberá golpear duramente com esse martelo".[75]

Lukács atacará, nestes anos 1920, as ideias da *realpolitisch* de Lassalle, antes de tudo, por sua influência na social-democracia germânica. Especificamente, segundo o filósofo húngaro, a concepção lassalliana do Estado é o fruto de uma ruptura radical entre o político e o econômico. Assim a concepção idealista da dialética em Lassalle tem por consequência a separação entre teoria e prática, ilustrada por sua própria atitude direcionada a Bismarck, mas também pelo realismo político "possibilista" da social-democracia alemã nos anos 1920.[76]

---

75 Citado por MICHELS, R. *Zur Soziologie des Parteiwesens in der modernen Demokratie* (1911), reimpr., Stuttgart, 1957, p. 168.

76 Assim, para LUKÁCS, a teoria do Estado não é só a razão aparente desse regresso a LASSALLE, propugnado por amplos setores da social-democracia, o verdadeiro motivo seria o problema do Estado em relação à questão

A política dos juristas

É precisamente como um "Bismarck do proletariado" que Kaustky definirá Lênin em uma carta de 28 de janeiro de 1924, escrita para o periódico soviético *Iswestija* por ocasião da morte do revolucionário russo. Neste texto, publicado mais tarde na revista teórica da social-democracia austríaca, Kautsky não só reconhece a Lênin como "um herói da revolução proletária" e "figura colossal da história mundial", mas lhe outorga também a categoria de um grande homem de Estado, o equivalente (com fins diametralmente opostos) de Bismarck em seu tempo. Para Kautsky, Bismarck e Lênin estavam animados por um caráter e uma força de vontade inflexíveis. Do mesmo modo, segundo o velho papa do marxismo, Lênin, como outrora o "Chanceler de Ferro", havia compreendido "o significado do poder das armas na política" e soube utilizá-las sem escrúpulos no momento preciso. Mas, como Bismarck também, o líder bolchevique foi "um mestre da diplomacia e da arte de enganar a seus inimigos, surpreendê-los e aproveitar seus pontos débeis para jogá-los ao pó". E como o príncipe prussiano, Lênin "sabia reconhecer seus erros e mudar facilmente sua direção".[77] Se este era, em realidade, superior a Bismarck por seu interesse pela teoria, mostra-se, ao contrário, inferior em seus conhecimentos de política exterior, crítica que não tinha nada de inocente, porque a conclu-

---

da revolução, que se tornara inevitável. Ver LUKÁCS, G. "Ferdinand Lassalle als Theoriker der V. S. P. D.", *Die Internationale*, 1924, p. 624.

77 KAUTSKY, K. "Ein Brief über Lenin", *Der Kampf*, 1924 (maio), p. 178.

são "lógica" era a incapacidade de Lênin para julgar o destino da revolução mundial, e, em consequência, a legitimação do ponto de vista social-democrático, defendido por Kautsky.

Mas o realismo político defendido por teóricos como Kautsky ou Hilferding, e pelo agir da ala majoritária do SPD, será considerado responsável pela não realização do socialismo nos próprios redutos social-democratas em fins da República de Weimar. Kirchheimer declarará em termos incisivos: "Como ao redor do bezerro de ouro, estamos em volta da pura facticidade, transformando-nos nestes políticos realistas que, com pedaços de um presente efêmero, constroem um futuro sempre sem saída", antes de concluir que "a utopia de hoje é a realidade de amanhã".[78]

Entretanto, o momento mais importante na discussão sobre o realismo político no seio da corrente socialista nos primeiros decênios do século não se situa, no meu entender, no âmbito cultural alemão, mas no italiano: fazemos referência a Antônio Gramsci, em quem encontramos não só a preocupação por ser realista na prática política, mas também no esboço de uma reflexão sistemática sobre alguns aspectos do problema. Gramsci está imerso em uma tradição político-cultural onde a referência ao realismo político é onipresente. É, em particular, um leitor (e um crítico) dos "elitistas" G. Mosca, V. Pareto e R. Michels, mas igualmente de Benedetto Croce,

---

78 KIRCHHEIMER, O. "Verfassungswirklichkeit und politische Zukunft der Arbeiterklasse" (1932), agora em *Von der Weimarer...*, *op. cit.*, p. 76.

A política dos juristas

para quem — como recordava recentemente Bobbio — "toda política é *Machtpolitik*, ou dito de outra maneira, funda-se na oportunidade, na utilidade e na força". Mas Gramsci estudou também, como desponta dos *Quaderni*, a *Politik* de Treitschke, numa tradução italiana. Não obstante, em relação aos outros pensadores da tradição do realismo político, o dirigente comunista italiano apresenta uma especificidade: é, antes de tudo, um homem de ação, cujos desenvolvimentos teóricos, ao menos na forma em que se cristalizam, são o produto de circunstâncias históricas bem precisas: a derrota do movimento operário italiano e a prisão nos cárceres fascistas.

O problema do realismo político em Gramsci forma parte, na verdade, de uma interrogação mais complexa e de certa maneira inédita na tradição marxista, sobre "que coisa é a política, isto é, que lugar deve ter a atividade política numa concepção de mundo sistemática (coerente e consequente)".[79] Para lográ-lo, reivindica o ensinamento de Maquiavel, segundo o qual a política é uma atividade autônoma, que tem seus próprios princípios e leis, diferentes da moral e da religião. Mais ainda, para Gramsci, a política é "a arte de governar os homens (buscar o consenso permanente e fundar os 'grandes Estados')".[80]

De maneira geral, o problema do realismo político percorre como um fio condutor toda a concepção gramsciana.

---

79 GRAMSCI, A. *Quaderni del Carcere*, Turim, 1975, II, 8, § 61, p. 977. cf. também o caderno 13, § 10.

80 GRAMSCI, A. *Quaderni del Carcere*, *op. cit.*, I, 5, § 127, p. 658.

Assim, sustenta que se deve ter presente que existem, como um fato técnico, governados e governantes, dirigentes e dirigidos. Encontramos, igualmente, um parentesco com a tradição realista em sua comparação da política com a arte da guerra (Clausewitz e Lênin), que tem sua expressão mais conhecida na célebre oposição entre "guerra de movimento" e "guerra de posição".

E, como nos outros pensadores desta corrente, as ideias de Gramsci têm como base uma distinção radical entre política e moral.

> Um conflito é imoral quando se afasta dos fins ou não cria as condições que o aproximam de tal fim (ou seja, não cria meios eficazes para sua obtenção), mas não é imoral desde outros pontos de vista "moralistas". De tal modo, não de pode julgar o homem político pelo fato de que seja mais ou menos honesto, mas pelo fato de que mantenha ou não seus compromissos. (...) O político é julgado não pelo fato de atuar com equidade, mas pelo fato de que obtém resultados positivos ou evita um resultado negativo.[81]

É assim que, para Gramsci,

> a ciência política abstrai o elemento "vontade" e não leva em conta os fins nos quais uma vontade determinada é aplicada. O atributo utopístico não é próprio da vontade política em geral, mas das vontades particulares

---

81 GRAMSCI, A. *Quaderni del Carcere, op. cit.,* III, 14, § 51, p. 1710.

A política dos juristas

que não sabem conectar o meio com os fins e, portanto, não são nem sequer vontade, mas veleidades, sonhos, desejos etc.[82]

Por isto, Gramsci insistia no fato de que o realismo político não deveria ser confundido com o ceticismo (que ilustrava com a oposição de Guicciardini em relação a Maquiavel). Uma teoria política deve "mover-se na realidade efetiva", fazendo abstração dos elementos transcendentais e imanentes em sentido metafísico: apoia-se na ação concreta do homem que, impulsionado por suas necessidades históricas, atua e transforma a realidade. Para o político, dominar e suprimir a realidade efetiva implica "um deve ser realista" e não "abstrato e nebuloso".[83] E não deixava de impugnar tampouco a concepção política lassalliana por ser "um estadismo dogmático e não dialético".

Em particular, Gramsci propõe-se aprofundar a ideia de "relações de força", sempre reivindicada, mas amiúde pouco explorada na tradição política realista, ainda que já tenhamos visto um esboço em outros pensadores marxistas (como Trotsky ou Lukács). Para o autor dos *Quaderni*, considerar "favorável" ou "desfavorável" uma relação de forças não implica nenhuma precisão. Para lográ-la, impulsionará uma dupla análise, a primeira mais geral, e a segunda mais específica, sobre o plano nacional. No primeiro corte, Gramsci distingue

---

82 GRAMSCI, A. *Quaderni del Carcere, op. cit.*, II, 6, § 86, p. 762.

83 GRAMSCI, A. *Quaderni del Carcere, op. cit.*, 8, § 84.

vários planos (*sectori*) destas relações, começando pelas relações de força internacionais para passar, em seguida, às relações sociais objetivas (ou seja, o grau de desenvolvimento das forças produtivas), às relações de forças políticas ou de partido (o problema da hegemonia) e, finalmente, às relações políticas imediatas.[84] Neste contexto, anota que as relações internacionais seguem as relações sociais elementares; e as relações internacionais reagem sobre as relações políticas (de hegemonia dos partidos).

Em um âmbito mais específico, Gramsci distingue três momentos nas relações de força. O primeiro está ligado à estrutura objetiva, independente da vontade dos homens, que pode ser medida com precisão, pois é sobre a base do desenvolvimento material das forças de produção que se formam os grupos sociais. Um segundo momento (sucessivo) tem a ver com as relações de força política, ou seja, a valoração da homogeneidade, autoconsciência e organização das forças sociais. Este segundo momento pode ser dividido, por sua vez, em diferentes graus: econômico-corporativo, a solidariedade de interesse do grupo social desde o ponto de vista econômico, e o partido como grupo dominante. Finalmente, o terceiro momento está dado pelas relações de forças militares, nas quais se pode distinguir dois graus: o nível técnico-militar e o nível político-militar.[85] Mas é necessário precisar que

---

84 GRAMSCI, A. *Quaderni del Carcere, op. cit.*, II, 8, § 37, p. 964.
85 GRAMSCI, A. *Quaderni del Carcere, op. cit.*, I, 4, § 38, p. 457.

A política dos juristas

Gramsci ressalta que a análise concreta das relações de força não constitui um fim em si, mas que sua significação está ligada com a justificação da ação prática.

Mas mais do que em seus desenvolvimentos sobre esta questão, o maior interesse da conceitualização gramsciana encontra-se, talvez, em sua individualização de certos limites da ideia de realismo político. Gramsci criticará o realismo político excessivo (*il troppo*), que se torna mecânico e superficial, operando somente no marco da realidade efetiva, com ações a curto prazo. Ao contrário,

> o político de ação é um criador, um suscitador, mas não do nada, nem se move no redemoinho vazio de seus desejos e sonhos. Baseia-se na realidade efetiva, mas o que é essa realidade efetiva? É talvez algo estático e imóvel e, não antes de mais nada, uma relação de forças em contínuo movimento e troca de equilíbrio? Aplicar a vontade à criação de um novo equilíbrio de forças realmente existentes e operantes, fundando-se sobre aquela que se considera progressista e reforçando-a para fazêla triunfar, é mover-se sempre no terreno da realidade efetiva, mas para dominá-la e superá-la (ou contribuir para isso). O dever ser é, por conseguinte, o concreto, ou melhor, é a única interpretação realista e historicista da realidade, a única história e filosofia da ação, a única política.[86]

---

86 GRAMSCI, A. *Quaderni del Carcere, op. cit.*, III, 13, § 16, p. 1578.

Deste modo, em Gramsci, o realismo político confunde-se, como em Maquiavel, com a política: toda política deve ser *Realpolitik*.

Mas o pensamento de Gramsci leva a uma dupla ruptura a respeito da tradição realista, que passa por uma também dupla contestação do naturalismo do realismo político conservador. Por um lado, e é aqui onde Gramsci vê a inovação fundamental do marxismo no campo das ciências políticas, "não existe uma natureza humana abstrata, fixa e imutável (conceito que deriva do pensamento religioso e da transcendência), mas a natureza humana é o conjunto das relações sociais historicamente determinadas, ou seja, um fato histórico verificável".[87] Por outro lado, Gramsci denuncia a crença de que "tudo o que existe é natural que exista, que não pode menos que existir e que as próprias tentativas de reformas, por pior que resultem, não interromperão a vida porque as forças tradicionais continuarão atuando".[88]

Esta discussão perdeu a atualidade? Em nossos dias, e, em particular, logo após a queda dos regimes ditatoriais do leste europeu, o renovado interesse pelo conceito de política no socialismo inscreve-se mais no âmbito das problemáticas do direito natural moderno, e, sobretudo, no do neocontratualismo. Estes enfoques não são, desde logo, fundamentalmente inovadores: existe, por certo, toda uma tradição que,

---

87 GRAMSCI, A. *Quaderni del Carcere, op. cit.*, III, 13, § 20, p. 1599.
88 GRAMSCI, A. *Quaderni del Carcere, op. cit.*, III, 15, § 6, p. 1760.

A política dos juristas

reivindicando-se do jusnaturalismo, teve historicamente um importante direito de cidadania no seio das correntes socialistas. Para esta tradição, com efeito, as concepções de direito natural moderno em geral são sempre consideradas sob o signo do "progressista". Dito isto, parece-me que se pode perceber aqui um mal-entendido de fundo. Afinal, se a própria ideia de transformação social, de revolução, dirige-se por definição contra a ordem estabelecida (contra o direito positivo, em termos jurídicos), não se pode deduzir deste fato que toda a teoria da mudança deva ser fundada sobre formas teóricas de direito natural. Ademais, se algumas teorias do direito natural exerceram, às vezes, uma função crítica, o recurso a um direito natural serviu amiúde, também, para legitimar, contra as mudanças, a ordem estabelecida, como já recordava Max Weber. Não se trata tanto de negar as potencialidades críticas que tenha podido representar o direito natural moderno, mas de discutir sua pertinência epistemológica para pensar a política.

Certamente, nestas novas teorizações do político nas correntes socialistas, há um ponto de partida indiscutivelmente correto: a insuficiência da teoria política marxista, sobretudo no que se refere ao Estado. Já em meados dos anos 1970, Norberto Bobbio havia apresentado de novo a questão da existência de uma reflexão política no marxismo, em particular em seu ensaio "Existe uma Doutrina Marxista do Estado?". No entanto, e apesar do próprio veredicto sobre a inexistência de uma teoria política marxista, é preciso colocar explicitamente uma diferença importante entre estas duas aproximações. A censura da "linha Kelsen–Bobbio" apontava para um problema no fundo pertinente: a questão da organização institucional do Estado diante da tese marx-engelsiana do desaparecimento do Estado.[89] Ademais, o próprio Bobbio não deixa de ressaltar que "o pensamento político de Marx inscreve-se na grande corrente do realismo político que retira do Estado seus atributos divinos e o considera como organização da força", o que o aproxima da leitura de Schmitt.[90]

Estas ideias de Bobbio se relacionam diretamente com o pensamento de Croce, que definira Marx como o "Maquiavel do proletariado", dando-lhe um lugar entre aqueles que chamava de "os beneméritos da ciência política", ou seja, aqueles "pensadores que instauraram ou restauraram o conceito de força" para compreender a política.[91] Depois de tudo, como reconhece Bobbio, "a originalidade de Marx consiste no fato de que é o primeiro escritor político que reúne uma concepção realista do Estado com uma teoria revolucionária

---

89 "Esiste una Dottrina Marxistica dello Stato?", agora em *Quale Socialismo?*, Turim, 1977, p. 39.

90 Sobre as relações de SCHMITT com BOBBIO se conhece hoje a troca de correspondência publicada em *Diritto e Cultura*, 1995 (ed. de P. Tommissen).

91 *Materialismo Storico ed Economia Marxistica*, cit. por LOSURDO, D. *Antonio Gramsci dal Liberalismo al Comunismo Critico*, Roma, 1997, p. 223.

A política dos juristas

da sociedade".[92] Se, como sustenta com lucidez o grande filósofo italiano, uma teoria da política deve dar conta, ao mesmo tempo, de duas questões: quem domina? E como se domina?,[93] deve-se colocar no centro da compreensão do político o problema da dominação, e não (apenas) em uma chave crítica.[94]

Mas uma teoria política que coloca no eixo da reflexão do político a centralidade da dominação (no sentido não pejorativo de *Herrschaft*), não corre, por acaso, o risco, apesar de tudo, de pagar demasiadamente caro por estas pretensões anti-ideológicas, por sua destruição das ilusões – como prevenia Heller, em 1929? Não cairia, no melhor dos casos, na perspectiva "do poder dominante do momento", como já denunciava magnificamente Kant? Não se está longe do que se pode chamar de "o paradoxo de Michels": toda organização (e em particular o Estado) pressupõe o poder, mas o poder é sempre conservador. E de fato, nos encontramos amiúde, aqui e lá, em más companhias.

É possível que a busca da solução deva começar no interior do próprio problema. Afinal, nem o reconhecimento de

---

92 "Esiste una Dottrina Marxistica dello Stato?", *op. cit.*, p. 39.

93 "Esiste una Dottrina Marxistica dello Stato?", *op. cit.*, p. 38.

94 Em sua polêmica com o marxismo nos anos 1920, KELSEN, cujo contato estreito com as posições de BOBBIO não deve ser esquecido, destaca que o conceito de dominação (*Beherrschung*) não pode ser confundido com o de "servidão" (*Knechtung*). Sobre este ponto, cf. HERRERA, C. Miguel *Théorie Juridique et Politique chez Hans Kelsen.* Paris, 1997.

uma conflituosidade social que não desaparecerá de nenhuma ordem humana, nem o lugar central (resultante) da dominação em toda ordem política, são o verdadeiro problema, mas seu lugar no interior do dispositivo. Contrariamente à concepção conservadora, que vê sempre na conflituosidade uma ameaça (desde o exterior) a uma ordem considerada intrinsecamente como homogênea, não existe exterioridade entre dominação e conflito. Pelo contrário, a conflituosidade não só atravessa, mas também informa a dominação, o que funda a inelutabilidade de um método democrático de dominação. Mas não é a única conclusão que podemos tirar aqui: se toda ordem deve ser pensada em termos de conflito, os níveis contratuais (reais e não como simples "formas ideológicas"), os acordos, os compromissos, são sempre o produto das relações de força e não de direitos.

Quando se pretende definir a essência do político através de um neo (e paleo) contratualismo, uma reflexão sobre os contornos do conceito de realismo político, e, por sua vez, de seus laços com uma concepção democrática da política e de seus limites heurísticos (que não podemos abordar aqui) revela-se mais atual do que nunca.

É pouco provável (mas não impossível) que aquele estudante que havia escrito em um muro de Censier, em maio de 68, a frase "sejam realistas, peçam o impossível"[95] tivesse

---

95 *Les Murs ont la Parole. Journal Mural Mai 68.* Paris, ed. J. Besançon, 1968, p. 89.

A política dos juristas

lido Max Weber. Mas me agrada pensar que quem havia colocado no centro de sua concepção da política a dominação, sustentava também: "É perfeitamente exato dizer, e toda experiência histórica o confirma, que não se alcançaria nunca o possível se no mundo não se empreendesse sempre, e sem cessar, o impossível".[96]

---

96 WEBER, Max. *Politik als Beruf* (1919), agora em *Gesammelte Politische Schriften*, Tubingen, 1988, p. 560.

Origem dos textos

O capítulo I foi publicado sob o título *"Comment Assumer l'Héritage Wébérien sous Weimar? Légitimité, Démocratie, Changement Social"*, em: M. Coutu, G. Rocher (orgs.). *La Légitimité de l'État et le Droit. Autour de Max Weber.* Québec: Presses de l'Université Laval, 2005 e Paris: LGDJ, 2006.

O capítulo II foi publicado sob o título *"Kelsen et le Libéralisme"*, em: C. M. Herrera (org.). *Le Droit, le Politique. Autour de Max Weber, Hans Kelsen, Carl Schmitt.* Paris: L'Harmattan, 1995, p. 37-68 e, em espanhol, em *Doxa. Cuadernos de Filosofia del Derecho*, 21, vol. II, 1998, p. 201-219.

O capítulo III foi publicado sob o título *"Carl Schmitt, el Marxismo. Puntos de Encuentro y de Ruptura en torno a la Noción de Realismo Político"*, em *Res Publica*, n. 2/1998, p. 35-68, e, novamente, em G. Medina, C. Mallorquin (orgs.). *Hacia Carl Schmitt: Ir-Resuelto.* Puebla: Benemérita Universidad Autonoma de Puebla, Antonio Gramsci A. C., 2001, p. 124-160.

Esta obra foi impressa em Santa Catarina na
primavera de 2012 pela Nova Letra Gráfica &
Editora. No texto foi utilizada a fonte Electra
LH em corpo 11 e entrelinha de 17 pontos.